Bruno Seidel, Industrialismus und Demokratie

Sozialwissenschaftliche Abhandlungen

herausgegeben von der
Hochschule für Arbeit, Politik und Wirtschaft
Wilhelmshaven-Rüstersiel

Heft 2

Industrialismus und Demokratie

Die Verfassungsideale der Demokratie
und die Tendenzen des Industrialismus

Von

Dr. Bruno Seidel

DUNCKER & HUMBLOT / BERLIN

Alle Rechte vorbehalten
Copyright 1954 by Duncker & Humblot, Berlin
Gedruckt 1954 bei Richard Schröter, Berlin SW 29

Professor P. Sargant Florence
C. B. E., M. A., Ph. D., Hon. D. Hum. Litt.,
Faculty of Commerce and Social Science,
The University, Birmingham,

in Dankbarkeit und Verehrung vom Verfasser gewidmet

Vorwort

Der hier vorgelegten Abhandlung liegt ein Vortrag des Verfassers zugrunde, den er im Dezember 1952 vor der Hochschule für Arbeit, Politik und Wirtschaft in Wilhelmshaven-Rüstersiel gehalten hat. Das Thema dieses Vortrages, das der Untertitel unserer Schrift wiedergibt, fügte sich in eine von der Hochschule veranstaltete Vortragsreihe ein, deren Generalthema „Verfassung und Verfassungswirklichkeit" lautete. Der Verfasser ist der an ihn ergangenen freundlichen Einladung des damaligen Rektors, Prof. Dr. Bogs, den Vortrag in erweiterter Form in der Schriftenreihe der Hochschule zu veröffentlichen, gern und dankbar gefolgt.

Der Verfasser war bis zum Ende des Wintersemesters Privatdozent an der Friedrich-Alexander-Universität in Erlangen und erhielt im April 1954 den Ruf auf den ordentlichen Lehrstuhl für Politik an der Hochschule für Arbeit, Politik und Wirtschaft in Wilhelmshaven-Rüstersiel, dessen Vertretung er für das Sommersemester 1954 übernommen hat.

Erlangen, im Frühjahr 1954.

Inhalt

Vorwort	7
Erstes Kapitel: Einleitung	11
§ 1: Die Aufgabe unserer Untersuchung	11
§ 2: Die modernen Verfassungen	13
§ 3: Hintergrund und Entstehung der modernen Demokratie	15
Zweites Kapitel: Was bedeutet Demokratie?	24
§ 4: Der Begriff der Demokratie	24
§ 5: Die Teildemokratie	24
§ 6: Die Formaldemokratie	25
§ 7: Die egalitäre Demokratie	26
§ 8: Die Demokratie Rousseaus	28
§ 9: Die Demokratie der Mitte	30
§10: Die Demokratie in der Verteidigung	35
§11: Die „Volksdemokratie"	41
Drittes Kapitel: Demokratie, politische Emanzipation und Kapitalismus	43
§12: Der absolute Gehalt der demokratischen Ideale	43
§13: Der politische und ökonomische Liberalismus	45
§14: Die politischen Emanzipationen	54
Viertes Kapitel: Der Industrialismus	61
§15: Der Industrialismus als Produktionsweise	61
§16: Der Industrialismus und die Sozialwissenschaft	63
§17: Wesensmerkmale der industriellen Produktionsweise	66
§18: Die für die politische Entwicklung bedeutenden sozialpsychologischen Folgen des Industrialismus	70
Fünftes Kapitel: Der Sieg über das Laisser faire	83
§19: Die liberale Verkehrswirtschaft und die Gleichheit der Marktkontrahenten	83
§20: Die Bändigung der freien Verkehrswirtschaft	85
§21: Die Ordnungsstruktur der Wirtschaft nach der Bändigung	92
§22: Die politische Problematik der Bändigung	95
§23: Die politische Bedeutung der soziologischen Folgen des Industrialismus	99
Sechstes Kapitel: Industrialismus, Demokratie und soziale Sicherheit	102
§24: Die Krise der sozialen Sicherheit	102
§25: Zusammenfassung	117

Erstes Kapitel

Einleitung

§ 1 Die Aufgabe unserer Untersuchung

Die Gegenüberstellung der beiden Begriffseinheiten „Verfassungsideale der Demokratie" auf der einen und „Tendenzen des Industrialismus" auf der anderen Seite oder kurzgefaßt „Demokratie und Industrialismus" könnte den Eindruck erwecken, als ob es sich dabei um Gegebenheiten handele, die sich unseres Erachtens von vornherein ausschlössen oder gegnerisch gegenüberstehen müßten. Dies wäre jedoch nicht nur ein Mißverständnis unserer eigenen Position, sondern auch der hier behandelten Zusammenhänge. Bei der Untersuchung dieser Zusammenhänge handelt es sich nicht so sehr um jene ganz eindeutigen Beziehungen, bei denen es von vornherein feststeht, worin sich die in unsere Untersuchung einbezogenen Gebiete decken oder ausschließen. Unsere Aufgabe ist es, das mit den polaren Begriffen des Themas umrissene Feld von Zusammenhängen systematisch nach möglichen Reibungsflächen zu untersuchen.

Die Schwierigkeit hierbei besteht nun darin, daß die korrespondierende oder gegensätzliche Natur dieser Zusammenhänge gar nicht von vornherein und im einzelnen Falle einmalig feststeht, sondern jeweils erst nach einer gewissen Zeit deutlich wird. Dann aber ist es, manchmal zwar nicht endgültig, häufig jedoch fast schon zu spät, etwas an den so entstandenen bzw. gewachsenen Beziehungen und Verhältnissen zu ändern.

Die uns im Thema begegnenden Begriffe beziehen sich auf sehr verschiedene Ebenen der politisch-sozialen Wirklichkeit. Der eine gehört der Sphäre der politischen Struktur an. Der andere bezieht sich auf die Wirtschaft und die in ihr verwendete Produktionsweise. Immer wieder aber hat es sich in der sozialen Entwicklung, vor allem der des vergangenen Jahrhunderts, gezeigt, daß bestimmte Fehlentwicklungen, nachdem sie einmal eingetreten sind, nur sehr schwer bzw. überhaupt nicht wieder rückgängig gemacht oder korrigiert werden können. Man denke dabei nur an den städtebaulichen Wirrwarr, den uns die Gründerjahre vermacht haben und mit dessen verheerenden Folgen wir noch heute trotz Bombenkrieg und sonstiger Zerstörungen zu ringen haben.

Durch ihren Weiterbestand, der u. U. nur durch Zerstörung beachtlicher Vermögensobjekte beseitigt werden könnte, üben aber derartige einmal vollzogene Entwicklungen weiterhin ihre mannigfaltigen Einflüsse auf verschiedene Gebiete aus, die dann im besten Falle eingedämmt, kompensiert oder neutralisiert werden können. Ob sie es werden, ist wiederum eine andere Frage. Denn hier spielt häufig in der Gesellschaft ein gewisses Trägheitsmoment eine recht beachtliche Rolle. Einmal eingeführt, pflegt man sich verhältnismäßig leicht auch an grobe Fehlentwicklungen und ihre soziologischen und politischen Folgen in dem Sinne zu gewöhnen, daß man sich mit ihnen eben abfindet. Einmal in einer bestimmten Richtung vorgeschritten, bringt in vielen Fällen gleichsam von selbst mit sich, daß man in der gleichen Richtung nun auch weiterhin verhältnismäßig unbekümmert fortschreitet. Denn, was dem einen recht war, sollte dem anderen auch jetzt noch billig sein. So scheint es der Grundsatz demokratischer Rechtsgleichheit für naive oder interessebefangene Gemüter doch mit sich zu bringen!

Wenn wir uns nun diese an sich verschiedenen Ebenen betrachten, dann liegt in Anlehnung an alte liebgewordene, schematisierende Denkgewohnheiten auch die Versuchung nahe, sie einseitig nur als gegenseitig variierte bzw. sich variierende Größen sich vorzustellen. Beides entspringt noch heute weitverbreiteten, sozialwissenschaftlichen Vorurteilen, die sich gerade in den populären Diskussionen mit einer seltenen Hartnäckigkeit behauptet haben. Nach dem panökonomisch-materialistischen Axiom schafft sich ja die Wirtschaft, als eine jeweils in eine interessebezogene Ordnung eingefaßte Produktionsweise, einen bestimmten politischen Überbau.

Diese Grundhaltung wird nun doch nicht richtiger, wenn sie neuerdings auch von strikten Gegnern der Ökonomistik Marxscher Prägung in einem der Marxschen Ökonomistik scheinbar entgegengesetzten Sinne vorgetragen wird. Hatte Marx damit den Klassencharakter des Staates dartun wollen, der diesem in allen Wirtschaftsordnungen mit Privateigentum an den Produktionsmitteln eigne, so wird neuerdings der Versuch unternommen, aus dem Abgang von dem Prinzip der liberalen Selbststeuerung, auf eine damit implizierte Unvermeidlichkeit des „Weges zur Knechtschaft" hinzuweisen.

Diesen an einem heute schon überholten Gesetzesbegriff der klassisch-naturwissenschaftlichen Mechanik orientierten Anschauungen von der unentrinnbaren Zwangsläufigkeit, steht nun noch eine andere gegenüber, die einem an sich wohl entgegengesetzten, im 19. Jahrhundert aber ebenso verbreiteten Denkelement entspricht. Wir meinen hier den freiheits-voluntaristischen Plastizitätsglauben, daß soziale Beziehungen vom Menschen her, nach verstandesmäßig gesetzten

Zielen und mit rational erdachten Mitteln im vollen Umfange frei gestaltet werden könnten. Nach dieser Grundhaltung ist jede gewachsene Erscheinung im Grunde nichts anderes als eine amorphe Masse, die nach der Formung durch den Menschen ruft.

Wir würden uns die Einsicht in die von uns zu untersuchenden Zusammenhänge verschließen, wenn wir uns auf das eine oder andere Axiom einseitig ausrichten wollten. Es ist deshalb im Laufe unserer Untersuchung notwendig, beide Begriffe eingehend zu bestimmen.

§ 2 Die modernen Verfassungen

Verfassung und Verfassung ist nicht dasselbe. Es kann damit die Verfassungswirklichkeit eines Staates gemeint sein, jedoch auch die diese Verfassungsgestalt leitenden Rechtsgrundsätze und Ideen. Dabei ist es gleichgültig, ob diese in einer geschlossenen Form kodifiziert sind oder nur gewohnheitsrechtlich festliegen. Es ist in diesem Zusammenhang wichtig, zu betonen, daß es sich bei den modernen Verfassungen der westlichen Länder um eine typisch moderne Angelegenheit handelt.

Verfassungen haben immer zwei Seiten: eine verfahrensrechtliche Seite, die statutarisch für Staat und Regierung Recht setzt und mit deren Hilfe Recht nach bestimmten Regeln und Prinzipien geschaffen wird. Daneben sind Verfassungen stets aus einem bestimmten Geiste heraus geboren. Dieser Geist, aus dem eine Verfassung einst geschaffen wurde, braucht nun nicht unbedingt identisch zu sein mit jenem Geist, aus dem heraus eine bestimmte Verfassung in einer bestimmten Gegenwart getragen wird. Wohl niemals bleibt sich über längere Entfernungen und Zeitspannen die soziale, rechtliche, politische und wirtschaftliche Atmosphäre so gleich, daß der Geist der Verfassungsväter und der der Verfassungserben ohne weiteres gleich wären. Sie dürfen aber auch nicht, wenn die Verfassung als Instrument befriedigend wirksam sein soll, sich gegenseitig nach den ihnen zugrunde liegenden Prinzipien grundsätzlich ausschließen.

In dem, was wir so den Geist einer Verfassung genannt haben, sind die einer Verfassung zugrundeliegenden oder die mit ihr jedenfalls verbundenen Ideale zu finden. Diese Ideale aber existieren niemals in sich selbst und durch sich selbst, sondern leben in Menschen, die mit diesen Idealen den Verfassungen ihren bzw. einen Sinn geben oder auch nehmen können. Diese ideale Seite einer Verfassung und ihre faktische oder verfahrensrechtliche Wirksamkeit stehen sich nun keineswegs beziehungslos gegenüber. Die Anwendung und Auslegung, das heißt die mit einer bestimmten Verfassung verbundene Praxis, werden von dieser idealen Seite her, ohne die jede Verfassung nichts als toter Buchstabe bleibt, bestimmt.

Sicherlich ist es der Autorität des Instrumentes der Verfassung wenig zuträglich, wenn, wie dies z. B. gerade in Deutschland im Laufe der vergangenen beiden Generationen der Fall war, im Wechsel die Verfassungen oder der Geist, mit dem man diese Instrumente handhabt, sich geradezu sprunghaft überschlagen. Ja, es muß uns geradezu als ein Idealzustand erscheinen, wenn wir unsere, durch äußere und innere Ereignisse bedingte Lage etwa mit der Englands oder Amerikas vergleichen, wo eine traditionsreiche Verfassungsgeschichte in einer über viele Generationen sich erstreckenden Verfassungskontinuität besteht. Auf Grund des Verschleißes an Verfassungen in den beiden vergangenen Generationen, haftet unseren Verfassungen etwas Provisorisches, Experimentelles, Kümmerliches an.

So wollen wir hier nicht eine konkrete Verfassung unseres Vaterlandes und die mit ihr verbundenen Verfassungswirklichkeiten zum Gegenstand unserer Betrachtung nehmen, sondern, ganz allgemein über den Geist, der den Prinzipien der modernen demokratischen Verfassungen zugrundeliegt, sprechen, indem wir diesen Geist und diese Prinzipien, die den idealen Hintergrund der westlichen Verfassungen bilden, mit gewissen Tendenzen konfrontieren, die mit dem Industrialismus bisher verbunden waren, bzw. unabwendbar verbunden zu sein scheinen. Um das Besondere der modernen Verfassungen gegenüber Verfassungen anderer Staats- und Gesellschaftsverbände, z. B. in der Antike oder im Mittelalter, verstehen und würdigen zu können, müssen wir auf die Umstände der Entstehung des modernen Verfassungsgedankens zurückgehen.

Die modernen Verfassungsgedanken, wie sie uns in den demokratischen Verfassungen der Neuzeit begegnen, und der moderne Industrialismus, mit seiner unvergleichlichen Dynamik seit der sogenannten industriellen Revolution gegen Ende des 18. Jahrhunderts von England ausgehend, sich zunächst über Europa und dann über Amerika, aber auch Japan und Rußland ausbreitend, sind beide Sprößlinge der gleichen Entwicklung. Sie sind beide das Ergebnis der Ablösung vom theozentrischen, katholischen Mittelalter, jenes Säkularisationsprozesses, der hier seinen politisch-sozialen und seinen technisch-wirtschaftlichen Niederschlag findet. Wir haben eingangs auf die Unterschiede zwischen verschiedenen Verfassungsbegriffen hingewiesen. Für unsere Zwecke empfiehlt es sich, vor allem zwischen „Verfassung" als Bezeichnung für die tatsächliche politische Struktur einer Gesellschaft und dem zu unterscheiden, was wir als das typisch Moderne an den heutigen Verfassungen ansehen können. In dem zuerst genannten Sinne ist es möglich, von Verfassungen der Antike oder des Mittelalters zu sprechen. Das typisch Unterscheidende der modernen Verfassungen besteht in dem Versuch, bestimmte objektiv und mechanisch wirkende politische Instrumente zu schaffen. Bei den modernen Verfassungen handelt es sich um Mechanismen, die bewußt erdacht wurden und in ihrem Zweck und ihren Aufgaben mit physikalisch-technischen Mechanismen verglichen werden können, die nach einer feststehenden Naturgesetzlichkeit automatisch wirken[1].

Dies hat bestimmte geistesgeschichtliche Wurzeln. Der Rationalismus des 17. Jahrhunderts steht außergewöhnlich stark unter dem Eindruck der Mathematik und der mit ihr verbundenen Disziplinen der Geometrie und Physik, so daß er selbst Politik und Ethik unter Anwendung mathematischer Methoden betrieb. Dieser im 18. Jahrhundert sich zunächst naturwissenschaftlich materialistisch als Aufklärung, im 19. Jahrhundert sich dann naturwissenschaftlich technisch als Fortschrittsglaube orientierende Rationalismus ist auch der Stammvater der modernen Verfassungen, bzw. sind diese von einer Geistigkeit hervorgebracht, die von dort her eindeutig bestimmt war.

Mit der vorausberechenbaren Sicherheit von nach mathematischen Formeln kontruierten, einfachen mechanischen Vorrichtungen sollen auch die Verfassungen ausgestattet sein. Ihr Zweck sollte es vor allem sein, die natürliche Rechtsausstattung des einzelnen zu sichern, gleichsam deren verlängerter Arm zu werden. Aus dem Abstand zum Rationalismus und zur Aufklärung hat es heute wenig Sinn, hier welthistorische Urteile und Lobsprüche auszuteilen. Der eigentliche Schnittpunkt für diese Entwicklung ist das 18. Jahrhundert, das das letzte der zum ancien régime gewandelten mittelalterlichen vorindustriellen Gesellschaftsformen darstellt, anderseits aber auch alle Voraussetzungen für die geistige, soziale, technische und politische Entwicklung des 19. Jahrhunderts hervorgebracht hat.

Im 19. Jahrhundert beginnt sich dann der Wertrelativismus durchzusetzen. Dieser sollte gerade für die politische Entwicklung von allergrößter Bedeutung werden. Trotz aller konfessionellen, weltanschaulich-philosophischen und politischen Gegensätze war noch im 18. Jahrhundert das Naturrecht (hier unter besonderer Betonung der naturrechtlichen Rechtsausstattung der einzelnen) das über alle Grenzen der europäisch zivilisierten Welt hinweg allgemein Gültige und Verbindliche.

§ 3 Hintergrund und Entstehung der modernen Demokratie

Die Entstehungszeit des modernen Verfassungsgedankens ist das Zeitalter des fürstenstaatlichen Absolutismus und des mit diesem ver-

---

[1] G. H. *Sabine:* A History of Political Theory. New York 1951. Rev. Ed., S. 425. — J. H. *Hallowell:* Main Currents in Modern Political Thought. New York 1950. S. 93 ff.

bundenen Konfessionalismus. Das Land, in dem diese Gedanken erstmalig ganz konsequent gedacht werden, ist England. Die sozialgeschichtliche und wirtschaftliche Entwicklung seit der Mitte des 14. Jahrhunderts hat es hier mit sich gebracht, daß die Leibeigenschaft in der auf dem Kontinent verbreiteten Form der gutsherrschaftlichen Frondienstpflichtigkeit verschwunden ist bzw. in ihren kontinentalen Entartungsformen trotz der enclosures nicht so recht zur Entwicklung gekommen ist. Geblieben war die Leibeigenschaft hier vor allem in der milderen Form der grundherrschaftlichen Rentenpflichtigkeit, die genau gemessene Leistungen, nicht aber die persönliche Dienstpflichtigkeit kannte. Außerdem spielte in England das Freisassentum stets eine bedeutende Rolle neben dem rentenpflichtigen Hintersassentum und war außerdem gegenüber dem niederen Landadel und selbst angesichts des höheren Adels nicht einfach bedeutungslos.

Die Prinzipien und politischen Glaubenssätze, die in der Unabhängigkeitserklärung der Vereinigten Staaten von 1776 und deren Verfassung von 1787 sowie in der französischen Verfassung von 1791 entweder offen ausgesprochen wurden bzw. diesen Dokumenten zugrundeliegen, lassen sich über Rousseau, Montesquieu und John Locke bis in das Levellertum innerhalb der Armee Oliver Cromwells zurückführen. Wir müssen dem historischen Zufall heute noch dankbar sein, daß er uns ein Dokument wie das berühmte „Agreement of the People", das aus Levellerkreisen stammte, vor allem aber die umfangreichen „The Clarke Papers" erhalten hat. Letztere sind wörtliche Niederschriften der Debatten über das, was wir heute die ursprünglichen politischen Ideale der Demokratie bzw. der demokratischen Verfassungen nennen. Sie wurden zwischen den von den verschiedenen Truppenteilen des Cromwellschen Heeres damit beauftragten „Soldatenräten" geführt.

Sie hatten den Sinn, über die politische Bedeutung dieses Kampfes insbesondere dem „kleinen Mann" in Cromwellschen Heere Klarheit zu verschaffen. Sie waren eine Art politische Selbstverständigung einer revolutionären Truppe und sollten weiterhin der politischen Sicherung des Erreichten dienen. Sie fielen zusammen mit einem frühen bedeutenden Aufschwung der politischen Flugblattliteratur und Journalistik. Sie hatten also, wie wir auch moderner sagen könnten, die Aufgabe, eine politische Ideologie für ein bestimmtes Geschehen zu schaffen, dessen wahrhaft säkulare Bedeutung von den damals Lebenden freilich nur mehr gefühlt als deutlich gewußt wurde. Immer wieder begegnen wir in den Clarke Aufzeichnungen dem Wunsche, mit einer möglichst eindeutigen und einprägsamen Formel den Sinn dieses politischen Geschehens auszudrücken, um dem kleinen Mann in den eigenen Reihen sagen zu können, warum er denn eigentlich gekämpft und den Pflug, den Amboß, die Werkstatt oder den Ladentisch verlassen und gegen die Waffe vertauscht habe.

Im Laufe dieser Debatten spricht der schwerfällige Rainborough, der in den im Oktober 1647 in Putney stattfindenden Debatten als radikaler Leveller mit dem wendigeren Ireton, dem Schwiegersohn Cromwells, in erbitterte Rededuelle über die Art des Wahlrechts (Zensuswahlrecht oder allgemeines Wahlrecht) gerät, den denkwürdigen Satz aus: „For really I think that the poorest he that is in England hath a life to live as the greatest he ...." (29. 10. 1647)[2]. Der gemäßigte Ireton bestreitet demgegenüber, daß der ein wirkliches und unmittelbares Interesse am Gedeihen des gesamten Königreiches überhaupt haben könne, der ohne nennenswerten Besitz ist. Sein Interesse könne, nach Ireton, niemals ein gesamtes, sondern höchstens ein „lokales" sein. Rainborough bezweifelt demgegenüber, ob der auf Grund seiner Armut von der Wahl der Regierung Ausgeschlossene der von ihm nicht mitgewählten Regierung gegenüber überhaupt irgendwie verpflichtet sei.

Wie in einer starken optischen Linse die Lichtstrahlen zusammengefaßt werden, so begegnen uns hier in den Clarke Manuskripten, die uns ein glücklicher historischer Zufall erhalten hat, d. h. also in der Geburtsstunde der modernen Demokratien, eine Reihe von Problemen, die noch heute mit zu den Kernfragen der modernen Demokratie gehören. Kernfragen, die auch in den entwickelten Demokratien nicht ohne weiteres in einem idealen Sinne als endgültig gelöst angesehen werden können, um deren Lösung die demokratische Staatsform ständig zu ringen hat, falls sie nicht zu einem toten Buchstaben erstarren soll.

Ireton vertritt eine auch auf die Wahrung bestimmter sozialer Privilegien bedachte politische formale Demokratie, wobei es sich bei diesen Privilegien nicht mehr um solche des Standes und der Geburt, wohl aber um solche des Besitzes handelt. Rainboroughs Position dagegen kommt dem ziemlich nahe, was man heute vielfach so ein wenig wegwerfend als „Demokratismus" zu bezeichnen pflegt. Dieser Demokratismus besteht in seiner extremen Form darin, daß man — wie dies die Diggers unter Gerart Winstanley auch taten — das politische Prinzip der Demokratie auf Lebensgebiete überträgt, mit denen es sich (ob tatsächlich oder nur vermeintlicherweise, bleibe dahingestellt) nicht vertrage.

---

[2] Vgl. Puritanism and Liberty; Being the Army Debates 1647-9 from the Clarke Manuscripts with Supplementary Documents. Selected and edited with an Introduction by A.S.P. Woodhouse. London 1938.

Das Bedeutungsvolle, das uns dieser Ausflug in die Geschichte der demokratischen Gesellschaftsideale zeigen sollte, beruht für uns darin, hiermit nachweisen zu können, daß der „Demokratismus" mit seinen egalitären Zügen keine späte Verfallserscheinung der rein politischen, d. h. formalen Demokratie ist, sondern seit Anbeginn neben bzw. hinter ihr steht, in einem gewissen Sinne vielleicht sogar älter als sie ist. Damit ist jedoch nichts über seine Verwirklichbarkeit und Wirksamkeit ausgesagt.

In mannigfacher Weise ist die Entstehung der modernen demokratischen Staats- und Verfassungsideale mit dem nachmittelalterlichen Säkularisationsprozeß verbunden. Dieser Säkularisationsprozeß wird häufig als eine bloße Ablösung oder Abkehr vom Religiösen verstanden und dargestellt, wie sie uns etwa seit der Mitte des 18. Jahrhunderts ganz deutlich in den verschiedenen Formen des Materialismus begegnet. Dies ist jedoch nur eine Seite und wahrscheinlich nicht einmal die wichtigste dieses Prozesses. Die andere Seite ist die Verdiesseitigung, bzw. die Hereinnahme transzendenter Glaubensinhalte in die Diesseitigkeit und ihre konkreten Lebensverhältnisse. Man könnte uns hier entgegenhalten, daß gerade das Mittelalter dies in klassischer Form getan habe, indem es die Ordnung dieser Welt vom Zentrum des Glaubens und der Kirche her inhaltlich setzte. Es hielt aber — und dies darf dabei nicht vergessen werden — das regnum gratiae und das regnum naturae deutlich auseinander. In der Säkularisation werden aber beide Reiche nicht mehr deutlich voneinander getrennt gehalten.

In der Säkularisation wird das regnum gratiae aufgelöst. Seine bisher dem Glauben vorbehaltenen transzendenten Ansprüche und Zielsetzungen werden aus der Absolutheit in die Welt des Relativen ohne weiteres übertragen. Die jenseits aller Zeit und Räume liegende Harmonie und Vollkommenheit wird nun plötzlich auf wirkliche Gesellschaften angewendet, die bisher in einer „natürlichen" Ordnung geborgen waren.

Der demokratische Gedanke stellt zu einem ganz wesentlichen Teil die säkularisierte Übernahme des religiösen Grundsatzes der Gleichheit vor Gott in die Sphäre des Gesellschaftlichen und Politischen dar. Dieser Gedanke der Gleichheit aller vor Gott hatte in dem für alle ohne Rücksicht auf Klasse, Rasse, Bildung und Kasse geltenden Erlösertode und der für alle stets offenen Erlösungsmöglichkeit seinen Hintergrund.

Er war jedoch — dies darf ebenfalls nicht vergessen werden — in Gesellschaften mit starken und mannigfachen sozialen Differenzierungen zuerst gedacht worden. Sozial wirkte er in einer hierarchisch gegliederten Wirtschaft als ein bedeutendes Korrektiv gegen zu starke

Differenzierungen, die hier auftreten können. Zum sozialen und politischen Strukturprinzip erhoben, kann er sich u. U. überhaupt gegen jede Ordnung und Gliederung richten.

So ist der „Demokratismus" tatsächlich älter als die Demokratie und steht der politischen Demokratie keineswegs als ein Fremdkörper oder als eine Entartung gegenüber. Damit soll freilich auch keineswegs behauptet werden, daß in den bedeutenden Demokratien und bei den führenden Demokraten politische Demokratie und demokratischer Egalitarismus einfach identisch seien.

Geschichtlich entstehen die modernen demokratischen Ideale als Reaktion auf den fürstenstaatlichen Absolutismus und die damit verbundene politische und religiöse Intoleranz. Das Naturrecht wird hier als eine natürliche Rechtsausstattung des einzelnen aufgefaßt, die ihm als Individuum eine bestimmte Ausstattung mit natürlichen, d. h. mit seiner Person gegebenen Berechtigungen gegenüber der Gesamtheit, repräsentiert durch den absoluten Fürsten, verlieh. Auch dieses absolute Fürstentum mit seiner ungewöhnlichen Machtfülle ist ja ein Produkt der Säkularisation, indem hier die beiden Schwerter (das geistliche und das diesem nach der mittelalterlichen Zweischwerterlehre einst untergeordnete weltliche) nunmehr in einer Hand vereinigt sind.

Dem absoluten Fürstentum gegenüber wird der individuelle Freiheitsbegriff zunächst vor allem als Widerstandsrecht entwickelt. Darüber hinaus soll dann diese natürliche Ausstattung mit unveräußerlichen Rechten verfassungsgemäß geschützt und damit endgültig rechtlich gesichert werden. Der Gedanke der endgültigen Sicherung auf alle Zeiten und gegen alle Umstände und Verhältnisse durch einen bestimmten instrumentalen Mechanismus, die Verfassung, war hier bei der Schaffung der ersten modernen Verfassungen ausschlaggebend.

Kehren wir jedoch noch einen Augenblick zu unseren Freunden aus dem Levellerheere zurück! Das Gros der Cromwellschen Soldaten gehörte der Konfession nach zu den sogenannten Independents, die nicht nur — wie es sich für den damaligen Puritanismus von selbst versteht — Katholizismus mit Abgötterei identifizierten, sondern ebenso leidenschaftlich die episkopale und die presbyterianische Kirchenverfassung und -organisation ablehnten, die sich beide in mannigfacher Bündnispolitik gegen den Independentismus verbunden hatten.

Deutlicher jedoch als die Bezeichnung Independenten trifft der mit diesem heute in der Bedeutung gleiche Ausdruck „Kongregationalisten" wohl das Wesen dieser Richtung im Hinblick auf die Kirchenorganisation. Die Kongregationalisten vertraten das Prinzip, daß, wo immer unter welcher Form, Ordnung und Liturgie Christen sich zusammenschließen (kongregieren), „Kirche" sei. Weltlich ausgedrückt handelt es sich um das Recht zu freier Gemeindebildung. Staatsrechtlich geht es dabei um die Theorie der Gesellschaftsgründung durch Vertrag, die seither viele Generationen hindurch als das Scheinproblem über den Ursprung der Gesellschaft bzw. des Staates in die moderne Soziologie hineinragt. Recht zu freier Gemeindebildung und die Theorie des Gesellschaftsvertrages gehören zusammen.

Der Staatstheoretiker des Absolutismus, der als Erzieher und Berater Karls II. mit der Restauration verbundene Thomas Hobbes, benutzt die Idee des Gesellschaftsvertrages jedoch, um den Absolutismus zu rechtfertigen, indem er daraus einen einmaligen Urakt macht, der in der endgültigen Begebung des Staates, bzw. der Person des absoluten Fürsten mit den Eigenschaften der „Leviathan" bestanden habe.

Die eigentliche Bedeutung der Theorie des Gesellschaftsvertrages für die weitere Entwicklung des politischen Denkens und der politischen Praxis lag aber gar nicht in der damit prima facie gegebenen Scheinerklärung des Ursprunges der Gesellschaft, sondern in der Sprengkraft, die dieser Gedanke in der weiteren Zukunft entwickelte. Verbunden mit dem Gedanken des Widerstandsrechtes wurde es so möglich, den Akt der staatlich-gesellschaftlichen Urgründung gleichsam zu wiederholen. Diese Wiederholung wurde dann vor allem als revolutionäres Handeln in der Gesellschaft, dem Staate gegenüber aktuell. Eine derartige Wiederholung dieses Uraktes wurde aber — so dachten dann die Nachfahren — sogar notwendig, wenn es gilt, durch Anwendung rationaler Prinzipien die vernünftige oder natürliche bzw. eine vernünftigere oder natürlichere Gesellschaft zustande zu bringen, die dann als Folge dieser Vernünftigkeit gleichsam von selbst eine „natürlich harmonische Gesellschaft" werden könne.

Wenn wir heute gerade diesen Gedanken recht skeptisch gegenüberstehen, weil wir ex post die damit verknüpften abwegigen Entwicklungen, z. B. die Revolutionsanfälligkeit der modernen Gesellschaften, kennen gelernt haben, so darf doch ihre in der Geschichte wichtige Bedeutung für den politischen Freisetzungsprozeß nicht verkannt werden. Erst hierdurch wurde der heutige Pragmatismus in der Politik im vollen Umfange möglich. Der Mensch, den Descartes als „maitre et possesseur de la nature" definiert hatte, war damit zum „homo faber politicus" der Gegenwart geworden.

Damit war dann der Weg zu dem weiteren Schritt frei, daß neben den politischen Praktiker der Vernunft, der den Zweck verfolgt, durch vernünftig-natürliches Handeln politisch-soziale Harmonien herbeizuführen bzw. für sie die Voraussetzungen zu schaffen und verfassungsgemäß zu garantieren, der Freiheitsvoluntarist des 19. Jahrhunderts auf die Bühne des politischen Handelns und damit auf die Bühne der Geschichte trat. Gepaart mit dem Glauben an die Plastizität der wirtschaftlichen, sozialen und politischen Verhältnisse konnte, — fast ist man versucht zu sagen — mußte dies zu den „sozialen Technikern" George Sorels, zu den „Berufsrevolutionären" Lenins und zu den großen sozialen Experimenten der Gegenwart führen. Dies alles aber mußte aus seiner inneren Struktur heraus geradezu zu einer öffentlichen Gefahr werden, nachdem mit der Individualisierung der verbindliche Wertabsolutismus dahingeschwunden und an seine Stelle der Wertsubjektivismus getreten war, wonach die gemeinverbindlichen und für die Gesellschaft stets notwendigen Werte für den einzelnen erst verbindlich über die eigene Subjektivität werden. Was aber geschah, wenn einzelne weder den Willen noch die Voraussetzungen besaßen, sich als sittlich verantwortliche Individuen zu verhalten? Kant verspürte, erkannte und befolgte das Sittengesetz, das in ihm war. War es billig, von seinem Diener Lampe das gleiche zu erwarten? Hier führte vor allem die Kombination aus einem naturalistisch mitbestimmten Egalitarismus zu verhältnismäßig naheliegenden Schlußfolgerungen, die jedoch zumeist unausgesprochen blieben.

Der egalisierende Gedanke nahm seinen Ausgang von der Gleichheit aller Menschen vor Gott als sittlich verantwortliche Geschöpfe und der für alle Menschen gleichmäßig geltenden Erlösungsmöglichkeit. Mit einer schlechthin vorgegebenen Ordnung hatte das Mittelalter jedoch davor zu bewahren gewußt, hieraus unmittelbar extreme politische Konsequenzen zu ziehen.

Die geistige Entbindung aus der mittelalterlichen Ordnung, die in der Aufklärung bewußt und endgültig vollzogen wurde, hatte bei dem gleichzeitigen Weiterbestand wesentlich mittelalterlicher Elemente in der Sozialstruktur der Gesellschaften des ancien régime dieser Ordnung allmählich weitgehend den Sinn genommen. Sie führte somit in jene das 18. Jahrhundert beherrschende politische Frontstellung gegen die Vertreter dieser alten Ordnungen hinein, nämlich gegen Adel, Fürstengewalt und Kirche. Aus den politischen Bedürfnissen dieser weitgespannten politischen Auseinandersetzungen ergab sich naturnotwendig die starke Betonung der Gleichheit aller. Dies war das Mittel, um die zu bloßen Herrschaftsverhältnissen entarteten Rückstände der alten Ordnungssysteme von innen heraus zu entmachten, d. h. ihnen den Boden zu entziehen.

Dieses Gedankengut der Aufklärung wurde von den zu damaliger Zeit verhältnismäßig kleinen Schichten Gebildeter getragen. Diese deckten sich soziologisch jedoch keineswegs auch mit den politisch privilegierten Gruppen, sondern bestanden zum geringeren Teil aus Adel und zum größeren Teil aus bürgerlichen Bildungsträgern, die sowohl aus politischen als auch wirtschaftlichen Gründen die geborenen Gegner der bestehenden, auf Privilegien ruhenden Regierungssysteme darstellten. Um der werdenden politischen Ordnung mehr politische Stoßkraft zu verleihen und um gegenüber den exklusiven Herrschaftsordnungen des ancien régime die Allgemeingültigkeit der eigenen Ordnungsvorstellungen konsequent zu betonen, mußte der Schwerpunkt der neuen Ordnungsvorstellungen von vornherein möglichst weit nach unten gelagert werden. Dies war die Rolle, die das uns heute in diesem Umfang wieder etwas ferner gerückte Gleichheitsprinzip damals spielte.

Das Gleichheitsprinzip als Postulat mußte somit als Beweis für die eigene politische Uneigennützigkeit des Bürgertums auch für die unterbürgerlichen Schichten der damaligen Gesellschaft grundsätzlich gelten, die sich dann im 19. Jahrhundert soziologisch und politisch zu einer Klasse zu entwickeln begannen. Damit waren potentiell alle „gleich" und die werdende bürgerliche Ordnung hatte die Allgemeingültigkeit gegenüber der sozialen und politischen Exklusivität der Gesellschaften des ancien régime auf ihrer Seite.

Als aber das ancien régime bis auf mehr oder weniger unbedeutende Reste zusammengebrochen war, blieb diese Botschaft der Gleichheit gerade infolge ihrer uneingeschränkten Allgemeinheit auch weiterhin wirksam. Das Gleichheitspostulat, als ideelles Mittel, die Exklusivität der alten Ordnungen Schach matt zu setzen, war somit geradezu prädestiniert, die Gleichheit aller vor Gott in ethischer und religiöser Hinsicht in die Nähe eines naturalistisch egalitären Denkens zu bringen, wobei die besondere Art der „Gleichheit", die sich im Verkehr gebildeter Kosmopoliten ohne Rücksicht auf Stand und Herkommen einfach aus der intellektuellen Leistung zu ergeben pflegt, vielfach dazu verführte, jeden ohne weiteres als gleich zu betrachten. Dies war aber um so mehr der Fall, als die gebildeten Vertreter dieses gemeinsamen politischen Anliegens die große Zahl der Einfachen, Ungebildeten und Unterbürgerlichen aus eigener Anschauung zumeist doch nur sehr wenig kannten.

Dies hat im Westen zwar nicht zu einem narodnistisch gefärbten Kult in dem Umfange geführt, wie er sich in der vorrevolutionären Intelligenz Rußlands in der zweiten Hälfte des 19. Jahrhunderts vor allem eingebürgert hatte, vielfach aber doch auch hier zu Erscheinungen, die damit verglichen und als maßlose Konsequenz dieses Egalitarismus gelten können.

Der Rationalismus ließ die Träger der Aufklärung Bildung und sittliche Qualität im allgemeinen gleichsetzen bzw. er sah Bildung als die Voraussetzung sittlicher Qualität an. Daß beides nicht identisch zu sein braucht, wissen wir heute. Hieraus ergab sich die betonte volkspädagogische Tendenz der Aufklärung, die sich bis zu dem

„Wissen ist Macht!" vulgarisierte. In der Auffassung der Bildung als Voraussetzung sittlicher Qualität auf der einen und des einfachen Volkstums als einer sittlichen Qualität an sich auf der anderen Seite stehen sich schon in der politischen Vorgeschichte der Gegenwart Ost und West diametral gegenüber, obgleich sich beide Haltungen auf den gleichen Ansatzpunkt zurückführen lassen.

Im Hinblick auf diese Irrungen, Extrementwicklungen und Erfahrungen muß es dem Betrachter auch heute noch immer wieder so erscheinen, daß die Entwicklung der politischen Demokratie ähnlich wie die des Industrialismus, heute tatsächlich noch in den Kinderschuhen steckt! Als säkularisierte und geschichtsoffene Gesellschaften, d. h. als solche ohne vorgegebene verbindliche äußere Ordnungsformen, können Demokratien heute auch gar nicht die Geschlossenheit und Endgültigkeit metaphysisch begründeter Ordnungssysteme aufweisen, gleichgültig ob sie dabei sich ans Mittelalter oder an irgendeine Form des staatlichen Totalismus klammern.

Dies bedeutet bei bestimmten demokratischen Ordnungen eine gewisse Neigung zur Unstabilität, es weist aber auch auf die besondere Bedeutung, die in der Demokratie einer richtigen Sozialethik, die das soziale und politische Verhalten bestimmt, unter modernen Verhältnissen zukommt.

Zweites Kapitel

Was bedeutet Demokratie?

§ 4 Der Begriff der Demokratie

Der Begriff Demokratie gehört, da er ein politischer Begriff ist und deshalb bestimmte, jedoch jeweils nicht gleichartige Gehalte an Wert- und Ordnungsvorstellungen hat, zu jenen vielfältig schillernden Begriffen, die der Sozialwissenschaftler, ähnlich wie die Begriffe Kapitalismus und Sozialismus, am liebsten vermeidet. Dies ist jedoch nicht immer möglich. Ihre Vieldeutigkeit vergrößert sich noch dadurch, daß neben den subjektiv-normativen Vorstellungen des Sein-sollens wiederum sehr verschiedene Wirklichkeiten des sozialen Seins damit bezeichnet werden können, wobei nun vielfach zwischen normativen und empirischen Aussagen nur schwer unterschieden werden kann.

Ohne daß wir glauben, die mit dem Demokratiebegriff überhaupt verbindungsfähigen normativen Gehalte und politischen Wirklichkeiten zu erschöpfen, versuchen wir im folgenden eine Einteilung, welche die wesentlichen Demokratiekonzeptionen herauszuarbeiten versucht:

1. Die Teildemokratie,
2. die Formaldemokratie,
3. die egalitäre Demokratie,
4. die Demokratie Rousseaus,
5. die Demokratie der Mitte,
6. die Demokratie in der Verteidigung,
7. die „Volksdemokratie".

§ 5 Die Teildemokratie

Als Teildemokratien sind jene Formen der Demokratie anzusehen, welche die demokratische Mitbestimmung in den Gemeinwesen nur auf eine bestimmte Gruppe, z. B. die Vollbürger, von vornherein beschränken. Dies war in den meisten Demokratien der antiken Stadtstaaten der Fall, bei denen ganze Gruppen der Unfreien, Halbfreien und die Frauen von der politischen Mitbestimmung ausgeschlossen waren.

Nicht daß derartige Ausschlüsse von dem für unsere Vorstellungen stets auf Allgemeinheit ausgehenden Prinzip der Demokratie vorkamen, ist dabei verwunderlich. Derartige Ausschlüsse wurden und werden ja mit guten und schlechten Begründungen immer wieder versucht und praktiziert. Man denke nur an die verschiedenen Zensuswahlrechte. Verwunderlich ist im Hinblick auf die antiken Demokratien, daß der zwischen der staatlichen Wirklichkeit und dem seiner inneren Anlage für uns selbstverständlich auf Allgemeinheit abgestellten Begriff der Demokratie wirklich bestehende Widerspruch einfach nicht bemerkt worden zu sein scheint. Dies ist nur daraus zu erklären, daß der uns geläufige und den modernen Demokratieformen auch zugrundeliegende uneingeschränkte Persönlichkeitsbegriff der Antike unbekannt war. Dieser Persönlichkeitsbegriff ist erst durch das Christentum in das Denken und Fühlen der Menschen gekommen. Er ist tatsächlich ein Ergebnis des Christentums und seine säkularisierten Konsequenzen sind die modernen demokratischen Theorien und Staatsgebilde.

Da sich in diesem entscheidenden Punkte die modernen Demokratien und die demokratischen Theorien grundsätzlich von den antiken unterscheiden, ist es unmöglich, von antiken und modernen Demokratien unqualifiziert im gleichen Atemzug zu sprechen. Man begibt sich damit in die Gefahr, durch einen gleichen Begriff wesentlich Verschiedenes miteinander gleichzusetzen. Wir haben den Unterschied von vornherein dadurch anzudeuten versucht, daß wir die antiken Demokratien als Teildemokratien bezeichnen. Wir könnten sie ebensogut exklusive Demokratien nennen. Diese Art der Demokratie wird jedoch von dem modernen Gefühl als ein innerer Widerspruch empfunden.

Ein wesentlicher Unterschied zwischen antiker und moderner Demokratie ist vor allem in dem Gegensatz zwischen antiker Polisgesinnung und jener Haltung zu suchen, die sich für den modernen Menschen aus dem Individualisierungsprozeß ergibt und eine solche Polisgesinnung nicht ohne gewaltsame Verzerrungen heute ermöglicht.

Als eine wichtige Voraussetzung für die Entwicklung des modernen demokratischen Gedankens und seiner öffentlichen Praxis soll hier noch die Praxis der Selbstverwaltung angeführt werden, wie sie im Mittelalter in vielen Organisationen geübt wurde. Ein bedeutender Unterschied besteht freilich darin, daß es sich bei diesen Ansätzen zu Selbstregelung und Steuerung im Mittelalter stets um begrenzte Aufgaben handelte, die in einer sich zwar verändernden, in ihren Grundzügen aber doch endgültig festliegenden Gesamtordnung standen.

§ 6 Die Formaldemokratie

In der Skala der verschiedenen Demokratiebegriffe kommt der Begriff der Formaldemokratie dem der Teildemokratie wohl am nächsten. Als Formaldemokratie wird hier jener Zustand bzw. jene Auffassung verstanden, der bzw. die allen Bürgern die gleichen aktiven und passiven Freiheiten, Rechte und Berechtigungen gibt, bzw. zu geben bestrebt ist, ohne daß dabei jedoch die Frage ernsthaft gestellt wird, ob etwa bestimmte soziale Vorstellungen und Wertbegriffe oder die materielle Ausstattung der einzelnen Bürger die politische Idealstellung der formalen Egalität von der Seite des Faktischen her aufhebt oder entscheidend beeinträchtigt.

§ 7 Die egalitäre Demokratie

Im Gegensatz zur formaldemokratischen Auffassung, welche die mit dem Begriff Demokratie bezeichnete Form der politischen Organisation als Garantie der politischen Freiheit durch Gewährung und Aufrechterhaltung gleicher aktiver und passiver formeller Rechte ausschließlich versteht, steht die egalitaristische Auffassung. Sie geht bewußt über das rein Formelle hinaus. Ihr geht es neben der formellen Gleichberechtigung als Garantie der politischen Freiheit wesentlich auch um die materielle Gleichheit. Es ergeben sich auch hier eine größere Zahl von Möglichkeiten, nämlich zwischen den extremen Punkten der völligen materiellen Gleichmacherei auf der einen und der Einschränkung der materiellen Ungleichheiten auf der anderen Seite, die jedoch wir hier nur insoweit betrachten, als die formalen Ziele der Demokratie von dieser Seite her entscheidend eingeengt werden.

Die Begründung hierfür ist ein bestimmtes Menschenbild. Dem Egalitarismus zugrunde liegt vor allem die uralte utopische Sehnsucht der Menschheit nach mehr Brüderlichkeit und mehr Gemeinschaft. Hieraus ergibt sich dann zunächst die an den einzelnen sich richtende sittliche Forderung, sich brüderlicher und nächstenliebender zu verhalten. Die Säkularisation jedoch ist auch ein Zustand, in dem religiöse Begriffe und sittliche Ideen vielfach auch unmittelbar auf wirkliche Verhältnisse übertragen werden bzw. dann nicht mehr vom Menschen, sondern von den Verhältnissen her für verwirklichbar gehalten werden. In diesem Zustand kann aus diesem ethischen Appell an den einzelnen leicht eine Aufgabe der Öffentlichkeit, d. h. ihrer Organe und Institutionen werden. Damit sind aber eine Reihe im Interesse größerer materieller Gleichheit erfolgender Eingriffe in eine unbeschränkte individuelle Freiheit im Grunde schon gegeben.

Aber der Egalitarismus hat sich nicht mit dieser Begründung begnügt. So wird im Zuge der Säkularisierung aus der Gleichheitsnorm ein natürlicher Zustand. Alle Menschen werden als gleich angesehen, und zwar auch als gleich gut und gleich schlecht. Um aber die mit dieser Behauptung doch in einem zu krassen Widerspruch stehende Wirklichkeit zu versöhnen, wird aus der allgemeinen und tatsächlichen Gleichheit aller eine ursprüngliche Gleichheit, die jedoch der

Vergangenheit angehört. Durch die mit Besitzverschiedenheit und Arbeitsteilung verbundene „Zivilisation" sei diese ursprüngliche Gleichheit jedoch verschüttet und so der Mensch korrumpiert worden. Jedoch sei diese Gleichheit potentiell noch stets vorhanden und wiederherstellbar.

Unschwer sind hier die Gedankengänge Rousseaus und sein Erbe erkennbar, das er dem klassischen Sozialismus des 19. Jahrhunderts überließ. Aus dem christlichen Sündenfall, der einen glücklichen Urzustand beendigte, ist bei Rousseau die Korrumpiertheit des Menschen durch die Zivilisation und bei Marx die Selbstentfremdung als Folge des Privateigentums und der Klassenspaltung getreten. Beide seien nur als Folge gesellschaftlicher Verhältnisse eingetreten und sollen als Folge einer grundlegenden Änderung der gesellschaftlichen Verhältnisse wieder verschwinden.

Die theoretische Konsequenz dieses extrem egalitaristischen Demokratismus ist vor allen Dingen im Anarchismus gezogen worden, der vor allem unter Russen jedoch auch in den romanischen Ländern zu einer beachtlichen Breitenwirkung kam. Der Anarchismus kennt kein soziales Ordnungsproblem. Als konsequentester Ausdruck des Liberalismus ist er in seinem Freiheitsbegriff streng individualistisch. Die Voraussetzungen für die Verwirklichung seines Freiheitsbegriffes soll die „Abschaffung des Staates" schaffen, die absolute Freiheitsmöglichkeiten für alle in gleicher Weise ergeben soll. Durch den Gebrauch oder das Ausleben dieser absoluten Freiheit werde im Sinne eines allgemeinen harmonischen Glückszustandes „alles gut gehen". Denn auf Grund der Gleichheit, die in allen nach ihrer natürlichen Konstitution verankert sei, werden die einzelnen in dem Gebrauch ihrer Freiheit auch als sich komplementär ergänzend gedacht. Freiheit und Gleichheit ergänzen sich hier in der Theorie. So bilden die in Freiheit und Gleichheit lebenden Menschen, infolge ihrer eigenen Veranlagung und der mit dieser nicht mehr im Widerstreit stehenden neuen sozialen Umwelt, selbst wenn sie dies nicht möchten, ein in sich selbst konplementäres System der natürlichen Harmonie.

So grotesk das System als Ganzes nach den heutigen Erfahrungen anmutet, so muß doch den Theoretikern des klassischen Anarchismus des 19. Jahrhunderts zugestanden werden, daß sie als Vertreter des extremsten Individualismus in der Auseinandersetzung mit den von ihnen als Staatssozialisten bezeichneten revolutionären und reformistischen Sozialisten marxscher Provenienz gerade die Gefährdung der individuellen Freiheit deutlich erkannten, die ihr von Seiten einer staatlichen Entwicklung drohte, die vom Sozialismus grundsätzlich bejaht und angestrebt wurde, auch wenn die einzelnen sozialistischen

Parteien heftige Gegner der sie umgebenden staatlichen Ordnung waren.

Es ist überhaupt verwunderlich, mit welcher Harmlosigkeit hier politischen Gedankenkomplexen und -konstruktionen Kredit gegeben wurde, nachdem doch ähnliche Versuche zur Zeit der Reformation bei den Schwarmgeistern, unter Oliver Cromwell und aus der Zeit der französischen Revolution abschreckend hätten wirken müssen. Hatten doch außerdem die literarischen Utopien von Thomas Moorus bis hin zu Fichte kaum je einen Zweifel über das Ausmaß individueller Freiheit in einer nach ihren Prinzipien organisierten Gesellschaft gelassen.

Wir würden mißverstanden werden, wenn dies nur als eine Anklage ex post gegen den klassischen Sozialismus des 19. Jahrhunderts aufgefaßt werden sollte. Zwischen den beiden Seiten des demokratischen Gedankens, der Demokratie und dem Demokratismus, d. h. der Demokratie der formalen Freiheiten und der Demokratie der materiellen Gleichheit als Ausdruck der Egalität, besteht eine tiefe Problematik. Diese Problematik ist tatsächlich Jahrzehnte lang durch eine Art gefühlsmäßigen Zuckergusses, insbesondere vom klassischen Sozialismus des 19. Jahrhunderts, verdeckt worden. Gleichzeitig hat freilich der Sozialismus seinen unvergänglichen Beitrag zu der später von uns noch darzustellenden Bändigung des Industriekapitalismus geleistet und so Wesentliches zur Lösung dieser Problematik wiederum beigetragen.

§ 8 Die Demokratie Rousseaus

Neben dem Egalitarismus, der zwar in besonderem Umfange und mit größtem Nachdruck von Rousseau mit dem Gedanken der Demokratie verbunden wurde, nicht aber erst seit Rousseau mit ihm verbunden ist, hat der Bürger von Genf die Demokratie vor allem als volonté générale verstanden. Diese ist die völlige Selbststeuerung eines Gemeinwesens. Es handelt sich noch nicht wie bei den Anarchisten um die völlige Auflösung des Gemeinwesens als Organisation, sondern um die Verwirklichung des Allgemeinwillens. Zwar wird bei Rousseau der politische Willensausdruck aller zumeist nicht einfach mit dem Gemeinwillen identifiziert, aber auch keine Handhabe dargeboten, beide deutlich voneinander zu unterscheiden. Dem politischen Willensausdruck aller steht zwar der Gemeinwille als Ausdruck des richtigen politischen Gemeinwollens gegenüber, da aber beide weder theoretisch nach praktisch voneinander genau getrennt werden können, noch eine eindeutige qualitative Bestimmung der Richtigkeit des Gemeinwillens innerhalb des Rousseauschen Systems möglich ist, so war damit dem demokratischen Gedanken sein normativer Charakter genommen und der populären Einsetzung von politischem Willensausdruck aller und Gemeinwohl Tür und Tor geöffnet.

Damit aber hatte in die Begriffswelt der politischen Demokratie ein Freiheitsbegriff Eingang gefunden, der sich schließlich selbst widerlegen und aufheben konnte. Die als Freiheit verstandene Autonomie des politischen Willens aller wurde in allen ihren auch noch so situationsbedingten Augenblicksentscheidungen wesentlicher als die auf lange Sicht im Sinne des richtigen Gemeinwollens liegende politische Freiheit bzw. die Erhaltung ihrer Voraussetzungen. Rousseau glaubte an die Korrekturmöglichkeit einer fehlerhaften Willensentscheidung aller durch den stets richtigen Gemeinwillen. Damit war der Gemeinwille zu einer Art mystischen Größe geworden, mit ihm aber der Willensausdruck aller ebenfalls, wenn auch ungewollt mystifiziert.

Die Rechnung würde aufgehen, wenn eine die Freiheit des Gemeinwillens in Frage stellende politische Willensentscheidung leicht korrigierbar wäre. Das aber wäre schon zu Rousseaus Zeiten nicht ohne weiteres der Fall gewesen. Mit der Herausbildung des modernen staatlichen Totalismus wurden aber derartige Korrekturen zur Unmöglichkeit. Denn dieser hat eine früheren Zeiten ungeahnte Zunahme aller organisatorischen Mittel des modernen Staates sowie den Abbau sittlicher Bindungen, die ja das Zeitalter Rousseaus noch verhältnismäßig sicher umgaben, zur Voraussetzung. Damit hängen die ungeheuer tiefgehenden Kräfte und Möglichkeiten zusammen, über die der heutige Staat ganz allgemein, insbesondere aber der totale Staat sowohl zur Bildung als auch vor allem zur Verbildung des Menschen verfügt und die nach den uns bisher vorliegenden Erfahrungen sich vor allen Dingen nach ihrer negativen Seite hin offenbaren.

An sich könnten diese menschenbildenden Kräfte der modernen Staaten sich ja auch durchaus positiv auswirken. Daß sie es insbesondere bei den totalen Staatsgebilden nicht tun, hängt einmal mit der allgemeinen Entthronung sittlich absoluter Wertvorstellungen als Folge der Säkularisation überhaupt zusammen, ergibt sich aber im besonderen aus der sittlichen Qualität der die totalen Staatsgebilde politisch tragenden Führungsschichten. Es besteht wiederum kein mit Notwendigkeit zwingender Grund, daß ihre sittliche Qualität an sich minderwertig sein müßte. Aber der „Weg zur Macht" und die Mittel, sich selbst an der Macht zu halten, wirken im Hinblick auf die Führungsschichten der modernen Totalitätsstaaten als negative Auslese. Ihre wichtigste Folge, die die sittliche Qualität dieser Staaten von oben nach unten durchgehend bestimmt, ist die, daß selbst in Zeiten, in denen die Staatsmacht verhältnismäßig gesichert ist, die wilde Natur dieser Herrschaftsgebilde immer wieder nur auf eine Gelegenheit zu einem ganz ursprünglichen Toben nach innen und außen geradezu wartet und immer wieder sich selbst als das „Tremendum" unter Beweis zu stellen sich gezwungen glaubt.

§ 9 Die Demokratie der Mitte

Hierunter verstehen wir einen Demokratiebegriff zwischen dem rein formalen Extrem auf der einen und dem egalitaristischen auf der anderen Seite, der vor allem in der Praxis das Gleichgewicht zwischen diesen beiden Extremen zu halten versucht. Damit aber befinden wir uns mitten in der Gegenwart. Daß die Gegenwart diesen Ausgleich erreicht habe, wäre sicherlich zu viel behauptet. Daß sie sich ernsthaft darum bemüht, trifft im allgemeinen zu.

Man kann versucht sein, das Prinzip der formalen Demokratie, wenn man es unbesehen mit der bürgerlichen Demokratie insbesondere im 19. Jahrhundert gleichsetzt, in einen unversöhnlichen Gegensatz zu dem Egalitarismus zu bringen. Schon aus der Geschichte des demokratischen Gedankens läßt sich aber deutlich machen, daß zwar zwischen beiden Extremen ein problematisches Spannungsverhältnis besteht, daß dies aber keineswegs bedeutet, daß die formale Seite die materielle, egalitäre völlig ausschließe. Beide gehören trotz aller Spannung als sich ergänzende Komponenten zusammen.

Der extreme Egalitarismus in seinen von uns schon erörterten verschiedenen Schattierungen hat aufgehört, theoretisch eine bestimmende Wirkung darzustellen, als politische Kraft tut er dies jedoch auch heute noch. Er findet sich in den Sehnsüchten gewisser Menschengruppen und -schichten noch immer vor. Er gehört aber einwandfrei zu den großen utopischen Elementen im sozialen und politischen Denken. Es ist eigenartig, wie das so fortschrittsgläubige und wissenschaftsüberzeugte 19. Jahrhundert hier aller seiner Rationalität zum Trotz in seinem sozialen und politischen Denken wie kaum ein anderes Zeitalter vor ihm, dem Utopismus verfallen war. Mit dem in der Literatur deutlich zu verfolgenden Umschlag dieses Utopismus von dem Idyllischen (Fourier, Cabet) zum Angsttraumhaften (George Orwell: „1984"; Eugen Samjatin: „My" (= Wir), gekürzte Veröffentlichung 1928 in der russischen Emigrantenzeitschrift „Wolja-Rossii", vgl. Ostprobleme 4. Jahrgang Nr. 47 v. 22. 11. 1952, S. 1594) sind dann auch diese Elemente auf dem Wege, endgültig verloren zu gehen. Jedenfalls hat für diese Zusammenhänge George Sorels Analyse des Marxismus ihre Richtigkeit bewahrheitet, daß die eigentlich historische Leistung Marxens bzw. des klassischen Sozialismus nicht darin bestehe, eine wissenschaftlich einwandfreie Theorie geschaffen zu haben, sondern vor allem Bedeutung als Schöpfung eines sozialen Mythos habe, bzw. **gehabt habe.**

Mit der weitgehenden Abstoßung der utopischen Elemente aus dem politischen Denken, die ja insbesondere das politische Denken des Sozialismus als „Suche nach dem Tausendjährigen Reich" (Julius Braunthal) im 19. Jahrhundert aber auch, obschon nicht in gleichem Umfang, das politische Denken des 19. Jahrhunderts überhaupt bestimmten, ist heute die egalitäre Komponente von einer mehr utopischen auf eine wesentlich realistischere Zielsetzung reduziert worden. Damit ist zwar der Egalitarismus maßvoller (in einem ontologischen Sinne daseinsrichtiger) geworden, keineswegs aber als ein das politische Denken und Geschehen mitbestimmendes Element überhaupt verschwunden.

Er begegnet uns in dem politischen Vokabular seit den zwanziger Jahren als „Wirtschaftsdemokratie" bzw. in der Forderung nach ihr. Es kann hier nicht unsere Aufgabe sein, dem weder eindeutig noch endgültig festliegenden Inhalt dieses Begriffes nachzugehen. Als Formulierung weist er jedenfalls eindeutig darauf hin, daß er bewußt im Gegensatz zu dem Begriff der rein politischen (formalen) Demokratie geformt worden ist bzw. entstand.

Die freie Verkehrswirtschaft, der ökonomische Liberalismus, brachte trotz der in Ausbreitung begriffenen politischen Demokratie bestimmte strukturelle Benachteiligungen ganzer sozialer Schichten mit sich, die gerade deshalb als unerträglich empfunden werden mußten, weil diese durch den Industriekapitalismus eingeleitete Entwicklung sich ja unter der an alle sich wendenden Botschaft nach politischer Demokratie abspielte. Sie wurde aber in die Massen gerade mit Hilfe des utopischen Egalitarismus hineingetragen und mußte so mit sich selbst in Widerspruch geraten.

In dem später von uns noch darzustellenden Prozeß der sogenannten Bändigung des ökonomischen Individualismus ist die materielle Seite dieser Entwicklung wesentlich vollzogen worden. Damit ist nun nicht die Gleichheit verwirklicht worden. Dennoch hat man jenes Ausmaß struktureller Ungleichheiten beseitigt bzw. gemildert, das sich mit dem Prinzip der Demokratie nicht verträgt. Mit dieser „wirtschaftsdemokratischen" Bändigung des ökonomischen Liberalismus wurden nach und nach die Voraussetzungen geschaffen, daß aus der besitzbürgerlichen Formaldemokratie eine Demokratie der Staatsbürger wurde, bzw. werden kann. Unglücklicherweise verfügt die deutsche Sprache im Gegensatz zur französischen nicht über eigene Begriffe, die denen des „citoyen" und „bourgeois" entsprächen. Und der Begriff Staatsbürger wird unter Umständen sogar bedenklich, wenn darunter nicht so sehr der seiner politischen Haltung zu einer ihm verantwortlichen Staatsform und Führung sich bewußte Bürger, sondern vor allem der jeder staatlichen Herrschaftsform und Willkür ergebene Untertan verstanden wird.

Der mit der Bändigung des Kapitalismus eingeleitete Prozeß einer Entbürgerlichung der Demokratie hat nur einen Sinn, wenn darunter der Abgang von der besitzbürgerlichen Beschränkung des demokratischen Gedankens und der reinen Formaldemokratie gemeint ist und wenn damit gleichzeitig die Notwendigkeit der Integration der Staatsbürger erkannt und ernsthaft in Angriff genommen wird. Eine Haltung des grollenden, mit Minderwertigkeitsgefühlen beladenen oder verachtenden Abseitsstehens, einer grundsätzlichen Opposition, die nur solange Zweck hatte, solange die Demokratie nur mit der formal-politischen Seite, nicht aber mit den damit zusammenhängenden materiellen Folgerungen ernst machte, wird, nachdem dies in der Bändigung des ökonomischen Individualismus weitgehend geschehen ist, somit politisch äußerst bedenklich. Hatte sie einst die Aufgabe, im Sinne der dualistischen Prinzipien der Demokratie die rein politisch formale Auffassung zu reformieren und zu erweitern, so läuft die Beibehaltung dieser Haltung über die inzwischen erreichten Ziele hinweg auf eine Gefährdung der demokratischen Formen des politischen und sozialen Zusammenlebens überhaupt hinaus.

Auch eine Überspannung der egalitären Komponente muß sich verheerend auswirken. Es gehörte zu den großen Geheimnissen des Industriekapitalismus des 19. Jahrhunderts, ein sicher funktionierendes System von Leistungsanreizen entwickelt zu haben, denen nicht zuletzt die ungeheure Dynamik der industriewirtschaftlichen Expansion im 19. Jahrhundert zu danken ist. Es sollte uns immer wieder zum Nachdenken Anlaß geben, daß z. B. ein einst unter extrem egalitären Idealen geschaffenes Staatswesen wie die UdSSR als total zentral geleitete staatliche Verwaltungswirtschaft ein in vieler Hinsicht recht grausam wirkendes System staatlich institutioneller Leistungsanreize in der Form von Belohnungen, Privilegien, aber auch abschreckenden Deprivilegierungen errichtet hat, die den ungeheuren Abstand der heutigen Wirklichkeit von dem einstigen utopischen Ausgangspunkt uns zum Bewußtsein bringen. Man denke nur an Lenins bekanntes Wort von dem Sowjetstaat, der bald so einfach werden würde, daß eine Köchin ihn zu leiten imstande sein werde, und an seine nie verwirklichten Absichten, einen Monatslohn von 300 Rubeln für den geringsten Arbeiter und den höchsten Funktionär einzuführen.

Den in der industriekapitalistischen Wirtschaft wirkenden Leistungsstimulantien war es ja ganz wesentlich mit zu verdanken, daß es z. B. dem Industrialismus im 19. Jahrhundert gelungen war, eine von 1800 bis 1930 von rund 188 Millionen auf rund 530 Millionen angewachsene Bevölkerung mit einer ständig zunehmenden Wohlstandsrate zu ver-

§ 9 Die Demokratie der Mitte

sorgen. Sicherlich trifft es nicht zu, daß eine sozialistische Staatswirtschaft über keine bzw. wenig geeignete Leistungsstimulantien verfüge. Vielleicht ist das Gegenteil davon sogar der Fall, aber die Natur dieser Stimulantien ist jedenfalls wesentlich anderer Art. Nach einem bekannten Wort Wilhelm Röpkes ist die letzte Instanz für erfolgloses Wirtschaften in der freien Verkehrswirtschaft der Gerichtsvollzieher, in einer kollektivistischen Wirtschaft der Scharfrichter.

Damit soll die freie Verkehrswirtschaft des 19. Jahrhunderts keineswegs kritiklos verherrlicht werden, aber es soll darauf hingewiesen werden, daß gerade in einer gebändigten kapitalistischen, sozialen Marktwirtschaft, die hier nicht mehr einen autonomen, sondern einen wesentlich subsidiären Charakter im Hinblick auf die Wirtschaft, die sozialpolitischen Notwendigkeiten und Erfordernisse besitzt, die Leistungsstimulantien besonderer Beachtung und Pflege bedürfen. Sie sind hier tatsächlich häufig in Gefahr, zu weit abgebaut bzw. abgeschliffen zu werden. Häufig auch fallen sie in einem zu starken Maße gruppenliberalen Interessenvertretungen zum Opfer. Ohne Leistungsstimulantien kommt aber keine Gesellschaft aus.

Über das ernsthafte soziale Problem der über- wie auch unterdurchschnittlichen Leistung kann keine rosarote Brille der Utopie hinwegtäuschen. Wo die Leistungsstimulantien in ihren ideellen und materiellen Formen verfallen, geht dies stets auf Kosten der überdurchschnittlichen Leistung und bereitet so durch das Erliegen der von selbst wirkenden Leistungsanreize die Errichtung eines Systems institutioneller Leistungsstimulantien vor. Natürlich lassen sich hier die Grenzen nicht deutlich ziehen. In den freiheitlichen wie in den nichtfreiheitlichen Gesellschaftsformationen sind sie zumeist beide gemischt vertreten. Entscheidend jedoch ist, welchem System jeweils das Übergewicht zukommt.

Im Zuge der Bändigung des Industriekapitalismus ist, so wollen wir abschließend feststellen, in dem Begriffspaar der „Freiheit" und „Gleichheit" an Stelle des Ideales der Gleichheit so das Ideal der „Ordnung" getreten. Es handelt sich dabei um eine soziale Ordnung, die dem Staatsbürger ein gewisses Maß wirtschaftlicher und sozialer Sicherheit gewährt.

Damit ist aber das Freiheitsideal inhaltlich ebenfalls ein anderes geworden. Das demokratische Freiheitsideal umfaßte in seiner klassischen Ausprägung im 19. Jahrhundert die formale politische Freiheit auf der einen und die ökonomische Freiheit auf der anderen Seite in dem Sinne, sich nach Gutdünken im Rahmen der Gesetze in der Wirtschaft maximal profitstrebig zu verhalten. Die Möglichkeiten für diese letztgenannte Seite der Freiheit sind im Prozeß der Bändigung entscheidend limitiert worden.

Es ist fast schon zu einem Allgemeinplatz geworden, daß eine vernünftige Form der Demokratie ein ständiges Kompromiß bedeute bzw. eine ständige Kompromißbereitschaft voraussetzt. Die Demokratie der Mitte stellt selbst einen Kompromiß zwischen einer Reihe von Extremen dar, von denen uns drei besonders erwähnenswert erscheinen:

1. Der Gegensatz zwischen autoritärem Regiertwerden von oben und urdemokratisch-plebeszitärer Selbststeuerung von unten.

2. Der Gegensatz von rein politischer Formaldemokratie und einem extremen demokratischen Egalitarismus.

3. Der Gegensatz zwischen einer für alle geltenden Freiheit einerseits und einer notwendigen, zweckgerichteten verbandlichen Einordnung sowie sittlich absoluten, nicht zweckgerichteten Bindungen anderseits.

Die allgemeine direkte Demokratie, die direkte Selbstverwaltung größerer Gruppen als unmittelbare Massenherrschaft ist unmöglich[3]. Auch erscheint es durchaus fraglich, ob unter allen Umständen die reine und unmittelbare Mehrheitsherrschaft sich segensreich auswirkt. Wird der bloße Mehrheitswille zum entscheidenden Charakteristikum der Demokratie erhoben, dann würden u. U. so äußerst undemokratische Willenskundgebungen wie z. B. die Lynchjustiz zu solchen „demokratischer" Art.

Aber auch die demokratische Form irgendeiner Regierung ist ohne ein gewisses Maß von Zwang und Gewalt einfach nicht denkbar. Zwischen Autorität und Selbstbestimmung vermittelt nun die Demokratie der Mitte mit ihrem System der Vertretung. Gerade an dem System der Vertretung in seinen verschiedenen Formen hat sich immer wieder die Kritik entzündet. Sie läuft bei aller Verschiedenheit im Ausgangspunkt im wesentlichen auf fast die gleichen ständestaatlichen (z. B. bei Spann) bzw. funktionalistischen Argumenten (z. B. bei den Syndikalisten) hinaus.

Die Versuche zwischen den Extremen der Formaldemokratie und des Egalitarismus durch eine konsequente Gesellschafts- und Sozialpolitik der wirtschaftlichen Sicherheit zu vermitteln, hat hier die Vertreter der beiden Extreme als Kritiker auf den Plan gerufen, indem „von rechts" hier der alte Einwand der Eigentumsvernichtung heute ergänzt durch den (vielleicht nicht immer ganz unberechtigten) Einwand der Herabminderung der Leistungsanreize erhoben wird, während „von links" diese Versuche zumeist nur als ein raffiniertes System politischer Täuschungsmanöver über den wahren Klassencharakter der Demokratie hingestellt bzw. „entlarvt" werden.

---

[3] Vgl. R. *Michels:* Zur Soziologie des Parteiwesens. Leipzig 1925. S. 34 ff. Wir verweisen insbesondere auf die in den Fußnoten dort angegebene Literatur.

Der Kompromiß zwischen Freiheit und zweckbedingten verbandlichen sowie zweckfreien sittlichen Bindungen hat heute infolge der praktisch politischen Erfahrungen aufgehört, eine Kritik etwa im Stile Nietzsches zu begünstigen. Man hat zu deutlich erkannt, daß die sittlichen Bindungen einerseits entscheidend sind für die Wesensart der Verbände und ihrer inhaltlichen Zwecksetzungen und daß anderseits das Vorhandensein sittlicher Bindungen bzw. die Beziehung, die die politischen Ordnungen zu ihnen einnehmen, überhaupt die einzige, echte und dauerhafte Garantie konkreter Freiheit sind.

Wir fassen die von uns hier gegebenen Hauptcharakteristika der maßvollen Demokratie oder der Demokratie der Mitte wie folgt zusammen: 1. Auf dem Mehrheitsprinzip aufbauende Repräsentation mit Schutzgarantien für die Rechte von Minderheiten als Ausgleich zwischen bloßer Autorität und reiner Selbststeuerung.

2. Die Politik der wirtschaftlichen Sicherheit als Ausgleich zwischen rein formellen Rechtsgarantien und den sich daraus ergebenden egalitären, materiellen Postulaten.

3. Konkreter Ausgleich zwischen subjektiver Ungebundenheit und existentiell notwendigen Triebverzichten und sozialen Bindungen sowie Anerkennung der absoluten Werte einer zweckfreien Sittlichkeit.

§ 10 Die Demokratie in der Verteidigung

Die politische Freiheit ist durch den Prozeß der Bändigung der wirtschaftlichen Freiheit nicht verschwunden. Sie wird auch durch diesen Prozeß gar nicht bedroht, sondern ist infolge der gesamtgesellschaftlichen Integration, die damit verbunden war, dadurch ihrerseits untermauert worden. Und doch ist die Freiheit heute mehr denn je bedroht. Diese Bedrohungen der individuellen Freiheit haben verschiedene Ursachen, die interner und externer Art sind. Die externen Ursachen ergeben sich aus der außenpolitischen Situation, wenn demokratische und nichtdemokratische staatliche Mächte sich außenpolitisch begegnen.

Die totalen Staatsgebilde verfügten im Falle kriegerischer Auseinandersetzungen bisher zunächst stets über eine größere Wendigkeit und konnten in den ersten Stadien des Krieges jeweils eine massierte Angriffswucht entwickeln, weil von ihnen alle massenpsychologischen Mittel hierfür gehandhabt wurden. Doch sprechen die Erfahrungen auch eindeutig dafür, daß auf längere Sicht die demokratischen Staatsformen sowohl beweglicher als auch im Hinblick auf etwaige Niederlagen tatsächlich die größere Elastizität besitzen. Denn das Wesen totaler Staaten zwingt diese dazu, von vornherein alles oder nichts zu verlangen, d. h. alles mehr oder weniger auf eine Karte zu setzen. Wie es zu den Siegen totaler Staaten gehört, die ihnen begegnenden freiheitlicheren politischen Gebilde restlos zu zertrümmern, so gehört es auch zum Wesen ihrer Niederlagen, daß nicht eine Regierung abtritt oder die Regierungsform sich ändert, sondern daß ihr gesamtes politisches Gefüge fast restlos der Zerstörung oder einem Zusammenbruch anheimfällt. Diese Erprobung der demokratischen Staatsform von außen ergibt sich für die Demokratien schicksalhaft, einer Katastrophe ähnlich.

Gleichzeitig aber wohnt den Prinzipien der Demokratie wiederum eine gewisse Totalität inne. Nach innen gesehen können die Verfassungsideale nur dann als erfüllt angesehen werden, wenn sie „allgemein" für alle gelten. Die politische Freiheit ist nun die Voraussetzung für den Bestand des Menschen als sittlich verantwortliche Persönlichkeit. Sie ist die Voraussetzung dafür, daß er als solche bestehen kann. Damit ist freilich nicht gesagt, daß es Freiheit nur in einer Demokratie gibt und daß diese Freiheit unbedingt demokratische Freiheit sein müßte. Auch in anderen Staatsformen kann es diese Freiheit geben. Aber dadurch, daß die Demokratie die Freiheit des einzelnen zu ihrem wesentlichen politischen Strukturprinzip erhebt, erhält die Demokratie als Staatsform doch eine Art höhere Weihe, die sie über nichtdemokratische Staatsformen stellt. Wenn der Mensch, besonders nachdem ihm dies die sogenannte moderne Entwicklung zum Bewußtsein gebracht hat, sittlich verantwortliche Individualität ist, dann kann eben nur eine Staatsform als seiner würdig angesehen werden, die diese Qualität nicht entscheidend negativ beeinträchtigt.

Hieraus ergibt sich von selbst eine Art moralischer Idealismus der demokratischen gegenüber den nichtdemokratischen Staaten. Es ist in diesem Zusammenhang bezeichnend, daß die Vereinigten Staaten von Amerika beide Weltkriege als „Kreuzzüge" geführt haben und gerade mit diesen Argumenten die öffentliche Meinung ihres eigenen Landes für diese kriegerischen Unternehmungen gewonnen haben.

Die Bedrohung von innen her kann, wenn es sich dabei um eine extremistische, prinzipiell antidemokratische Bewegung oder Gruppierung handelt, einen ähnlich akuten Charakter annehmen wie die außenpolitische Katastrophe eines Kampfes um Leben und Tod, um den Bestand einer Demokratie als Staatswesen.

Es gibt aber daneben eine Reihe von Gefährdungen auch noch von innen heraus, die nicht mehr den Charakter der Bedrohung bzw. der Erprobung der Demokratie, d. h. eines bestimmten Landes mit demokratischen Institutionen, besitzen. Es gibt bestimmte Gefahren, denen heute fast alle Demokratien zu begegnen haben, ganz abgesehen von der jeweiligen außenpolitischen Lage. Diese Gefahren bedrohen auch nicht bestimmte demokratische Staaten, sondern grundsätzlich die Demokratie als Staatsform und als Prinzip der politischen und sozialen

§ 10 Die Demokratie in der Verteidigung

Gestaltung. Ihre besondere Gefährlichkeit besteht darin, daß hier die Demokratie in den einzelnen Staaten nicht so sehr direkt bedroht bzw. zerstört wird, als vielmehr darin, daß sie indirekt in Mitleidenschaft gezogen wird. Dies geschieht vor allem dadurch, daß ihre Voraussetzungen zerstört und ihr somit gleichsam der Boden entzogen wird. Dies alles tritt wiederum nicht plötzlich, sondern wie bei den meisten Sozialprozessen von Bedeutung nur allmählich, kaum merklich in Erscheinung. Die einzelnen Phasen solcher Entwicklungen treten deshalb in ihrer Bedeutung kaum ins Bewußtsein der Allgemeinheit.

Diese Art latenter Bedrohungen der Demokratie haben sich in der Geschichte des Industriekapitalismus von zwei Seiten her ergeben, und zwar einmal von seiten der Wirtschaftsordnung her und zum anderen von seiten der soziologischen Folgen der industriellen Produktionsweise. Zu ihrem Verständnis ist es notwendig, das Phänomen des Industrialismus selbst eingehend zu untersuchen. Wir verschieben deshalb ihre Betrachtung bis nach der systematischen Erörterung des Industrialismusphänomens.

Im Zusammenhang mit dem Komplex „Demokratie in der Verteidigung" sind jedoch auch eine Reihe von Erscheinungsformen der Demokratie selbst zu erwähnen, die als solche nicht ohne weiteres mit dem Begriff und mit der Praxis der klassischen Demokratie sich decken, wenn wir als die Mittel, mit der die Freiheit garantiert werden soll, vor allem die Trennung und gegenseitige Hemmung der Gewalten im gleichen Staate ansehen.

Die wirklichen Demokratien liegen heute zwischen den idealtypischen Extremen, die, sei es in minimaler, sei es in maximaler Weise, die demokratischen Prinzipien und Verfassungsideale verwirklichen. Ob überhaupt bzw. inwieweit es sich im einzelnen Falle um eine bzw. noch um eine Demokratie handelt, hängt jedoch nicht von Einzelheiten ab. Man kann und darf also nicht so verfahren, einen bestimmten Typus der Demokratie als schlechthin verbindlich zu postulieren. Die Demokratie ist in sehr verschiedenen konkreten politischen Ausprägungen denkbar und bisher auch verwirklicht worden. Sie kann z. B. zentralistisch, aber auch dezentralisiert sein. Damit soll wiederum nicht behauptet werden, daß beide Formen ein gleich günstiges gesamtpolitisches Klima für eine demokratische Entwicklung darstellen. Sie kann eine starke Präsidialdemokratie mit weitgehenden Vollmachten an der Spitze genau so gut sein, wie eine auf dem Volksreferendum und dem allgemeinen Milizsystem basierende Kantonaldemokratie. Sie ist auch als konstitutionelle Monarchie möglich.

Was ist denn letzten Endes das Gemeinsame aller dieser so unterschiedlichen Formen der Demokratie? Oder besser, bis zu welchem Punkte kann man denn eine Staatsform überhaupt noch als eine

Demokratie ansprechen? Was ist und wo liegt, so müssen wir fragen, das, was zu einer Demokratie unbedingt dazu gehört und ohne welches wir nicht mehr von einer Demokratie sprechen können? Die Frage ist von großer Bedeutung, denn im Interesse der Erhaltung der demokratischen Grundlagen kann es ja tatsächlich hie und da einmal notwendig sein, die demokratischen Prinzipien vorübergehend einzuschränken. Denn mit einem politischen Selbstmord aus demokratischer Toleranz ist ja der Erhaltung der demokratischen Prinzipien am allerwenigsten gedient. Auch eine verständnislose Kritik an solchen Maßnahmen, die jeweils nur höhnisch auf den undemokratischen Charakter solcher Maßnahmen hinweist, hat in solchen Situationen der Erhaltung der Demokratie zumeist nur sehr wenig genützt.

Wo liegt also, so wiederholen wir unsere Frage, der Punkt, unter den hinaus keine Demokratie gehen kann, ohne aufzuhören, „demokratisch" zu sein? Es gibt u. E. hierfür zwei Kriterien, von denen das eine in dem Umfang besteht, in dem die individuellen Freiheiten beschränkt werden. Zeitweilige Beschränkungen der Freiheit sind noch keine grundsätzliche Aufhebung der Freiheit überhaupt. Es gibt aber eine Art totaler Freiheitsbeschränkung bzw. -aufhebung, die dem Staatsbürger seine Eigenschaft als sittlich verantwortlicher Persönlichkeit, auf längere Sicht gesehen, zu rauben in der Lage ist.

Das andere Kriterium ist, ob die betreffende Regierung, selbst wenn sie einmal Wahlen vermeiden sollte, auf die Dauer gesonnen ist, sich zu irgendeinem bestimmten Zeitpunkt einmal der Kontrolle ihrer Macht von unten zu unterwerfen, und zwar nicht in der Form totalitärer Plebiszite, sondern in einer Form, die als Konkurrenz um die Macht von mindestens zwei politischen Gruppen eine wirkliche politische Entscheidung zwischen echten alternativen Möglichkeiten bietet. Dazu aber bedarf es entweder zweier Parteien oder wenigstens zweier Fraktionen der einen Partei, die ihre Programme der öffentlichen Entscheidung unterwerfen.

Verfolgt man unter diesem Gesichtspunkt z. B. die politische Entwicklung in der Sowjetunion vor dem 2. Weltkrieg (was uns im einzelnen jedoch nicht möglich ist), so ist hier deutlich zu sehen, daß verschiedentlich Ansätze zu einer Demokratisierung vorhanden waren. Bis zu den großen Säuberungen der 30er Jahre bestand das Wesen der sich hier abspielenden ununterbrochenen Kämpfe in mehr als nur einem Kampf von rivalisierenden Gruppen. Es ging hierbei immer wieder um die Entwicklung bzw. Niederringung demokratischer Ansätze. Das gilt nicht so sehr für die Machtauseinandersetzung Trotzki—Stalin, jedoch vor allem für jene politischen Gruppen, die nicht im Zentrum des politischen Geschehens standen, angefangen z. B. mit der sogenannten „Arbeiteropposition", an deren Niederringung Trotzki selbst mit beteiligt war, bis hin zu der sogenannten Gewerkschaftsopposition, die bei Trotzkis Ausschaltung mitwirkte.

Gerade diese Gewerkschaftsopposition zeigt deutlich, wie nach Inangriffnahme der Industrialisierung im großen Stile hier die Gewerkschaften z. B. in die Entscheidungen über das jeweilige Ausmaß der Produktions- bzw. Konsumgüterproduktion als Vertreter der Konsumenten mit einbezogen werden wollten. Die Entscheidung ist gegen die Gewerkschaften erfolgt. Damit war das bisher dauernde Übergewicht des Produktionsgütersektors in der sowjetischen Wirtschaftspolitik gesichert[4].

Für den modernen, nicht mehr der Intervention in der Wirtschaft grundsätzlich abgeneigten, d. h. also nicht mehr wirtschaftsneutralen Staat, wird hier die politische Entscheidung für oder wider die Demokratie bzw. demokratische Verfahrensweisen vielfach zu einer Entscheidung zwischen Mitteln und Methoden einerseits und wirtschafts- und gesellschaftspolitischen Zwecken und Zielen andererseits. Wir denken hier vor allen Dingen an die wichtige Entscheidung zwischen demokratischen Mitteln und Methoden, die z. B. eine verfassungsmäßig garantierte individuelle Freiheitssphäre respektieren, und anderen Mitteln und Methoden, die im Sinne einer rein äußeren Zweckmäßigkeit unter Umständen viel wirkungsvoller sind als die erstgenannten. So halten wir es für ein Verdienst Beveridges und der auf ihn fußenden gemäßigt laboristischen Vollbeschäftigter, die Frage der Vollbeschäftigung nicht an sich, sondern als Vollbeschäftigung in einer freien Gesellschaft ganz konsequent gestellt zu haben.

Die Sicherung der Demokratie ist letzten Endes auch ein sozialethisches Problem, nämlich der sittlichen Qualität derer, die die Macht ausüben, und derer, über die bzw. in deren Auftrag die Macht ausgeübt wird. Hier aber werden dann Tatsachen der Erziehung und der heute so bedeutungsvollen Propaganda unmittelbar berührt. Es wäre zu einseitig, unter Erziehung in diesem Zusammenhang das zu verstehen, was im allgemeinen als „staatsbürgerliche Erziehung" bezeichnet zu werden pflegt. Es geht dabei eigentlich um politische Erziehung, wobei hierunter das von der Erziehung her zu unterbauende bürgerliche Zusammenleben in einem freien Gemeinwesen und die Einsicht in dessen unabdingbare Notwendigkeiten zu verstehen sind.

Leider wirkt der Erfüllung dieser Aufgaben gerade in Deutschland besonders die Vorstellung entgegen, politische Erziehung als politisierte oder politisierende Erziehung zu verstehen.

---

[4] Gerade in letzter Zeit ist diese Auseinandersetzung in Jugoslawien wieder aktuell geworden, wie der Fall „Milovan Djilas" beweist. Vgl. „Ost-Probleme", 6. Jg., Nr. 5, v. 4. 2. 1954. —

Unter den Bedingungen der weitgehend vollzogenen Säkularisation ist es aber unerläßlich, von seiten der Erziehung her politisch integrierend zu wirken. Sicherlich ist es ein Zeichen beachtlicher Stärke und Selbstsicherheit, geht aber im Grunde doch an der Lösung bestimmter Aufgaben vorbei, die den Demokratien heute gestellt sind, wenn die Propaganda von und in den modernen Massendemokratien vor allem den Gegnern der Demokratie überlassen bleibt. Die modernen Demokratien besitzen hierfür tatsächlich weitgehende, bis heute häufig freilich nur von ihren Gegnern genutzte Möglichkeiten. Diese Möglichkeiten, wie sie heute zur Verfügung stehen, sollten gerade im Interesse der demokratischen Ideale zu Instrumenten der demokratischen Massenführung und Massenprägung gemacht werden. Propaganda, Massenführung und Massenprägung sind nicht an sich, sondern jeweils nur ihrem Inhalt und ihrer Zielsetzung nach abzulehnen. Das, was die Demokratien an propagandistischen Möglichkeiten der Führung und Prägung der Massen bisher den anderen, d. h. ihren Feinden überlassen haben, sollte von ihnen selbst einmal konsequent genutzt werden.

Welche ungeheuren Möglichkeiten der Menschenverbildung haben sich hier die totalen Staaten erschlossen. Wäre es nicht an der Zeit, diese Möglichkeit einmal im Sinne der politischen Demokratie mit den Zielen einer Repersonalisierung und Reethisierung unseres gesamten politischen Lebens wenigstens zum Teil zu aktivieren? Die Demokratie muß heute aus einer unzeitgemäß gewordenen vornehmen Reserve, wie sie dem Nachtwächterstaat der formalen Demokratie des 19. Jahrhunderts noch anstand, heraustreten. Sie muß diese Aufgaben der Massenführung und Massenprägung erkennen, anerkennen und schließlich in Angriff nehmen. Sie muß dies allen internen Partikularinteressen zum Trotz tun, um die Grundlagen der europäisch-amerikanischen Kultur, nämlich die sittlich verantwortliche Persönlichkeit und die ihr einzig entsprechende politische Lebensform, die Demokratie, zu erhalten. Sie muß sich abkehren von der heute so verbreiteten politischen Symptombehandlung und zu den Grundlagen ihrer eigenen Existenz bewußt dadurch zurückgehen, indem sie diese bewußt pflegt.

Sollten die heutigen Demokratien hinsichtlich dieser Aufgaben der Massenprägung und Massenführung versagen, so besteht tatsächlich die Möglichkeit, daß die sittlich verantwortliche Persönlichkeit und das ihr adäquate politische Dasein verschüttet würden.

Die individuelle Freiheit und die damit verbundene Kontrolle der politischen Macht von unten geben den Demokratien im Gegensatz zu den totalistischen Staaten, insbesondere im Gegensatz zum Bolschewismus, einen geschichtsoffenen Charakter. Zwar besteht in keiner Gesellschaft unter bestimmten historisch einmaligen Voraussetzungen die Möglichkeit, ohne Rücksicht auf örtliche und zeitliche Gegebenheiten sich willkürlich zu entscheiden. Dennoch bietet wiederum jede historische Situation verschiedene objektive Möglichkeiten, die erkannt werden müssen, um zwischen ihnen eine echte politische Entscheidung fällen zu können. Die geschichtsoffenen Demokratien sind ein schlechter Boden für freiheitsvoluntaristische Gesellschaftsexperimente. Demgegenüber bewegt sich der staatliche Totalismus in der Geschichte mit gebundener Marschroute. Er behauptet dabei von sich zumeist, nur das ihm bekannte und von ihm beherrschte geschichtliche Entwicklungsgesetz zu verwirklichen. Indem er so die Gesetzmäßigkeit der Geschichte für sich okkupiert, wird einer freiheitsvoluntaristischen Willkür Tür und Tor geöffnet, und der Glaube an die historische Prädestination schlägt in die ärgste Willkür um.

§ 11 Die „Volksdemokratie"

Es verbleibt uns noch, der Vollständigkeit halber den Begriff „Volksdemokratie" wenigstens kurz zu betrachten. Terminologisch ist dieser Begriff ein widersinniger Pleonasmus, da das dem griechischen Ausdruck vorgespannte deutsche Wort nur den ersten Teil des ihm nachfolgenden Begriffes noch einmal wiederholt. Daß es sich dabei um eine Begriffsprägung handelt, die dazu geschaffen wurde, um den von ihr bezeichneten Tatbestand eher zu verdunkeln als zu erhellen, hat die politische Praxis und Entwicklung der Volksdemokratien bisher bewiesen.

Dem Demokratiebegriff ist es in dieser Zusammensetzung ähnlich gegangen wie dem Begriff Sozialismus in der Parteibezeichnung Nationalsozialismus. Die grundsätzlichen Gegner jeder demokratischen Regung und Regelung haben gerade den Demokratiebegriff bei sich eingeführt! Für die Wirkungskraft, die man als mit dem Begriff der Demokratie jedenfalls von dieser Seite verbunden vermutet, ist es bezeichnend, daß nicht der hier naheliegende Begriff Sozialismus propagandistische Verwendung fand, sondern der Begriff Demokratie! Bei dieser Begriffsprägung ist auch die Absicht unverkennbar, nicht nur das mit dem Begriff Demokratie verbundene „good will" für sich in Anspruch zu nehmen, sondern sich selbst auch als die einzig wahren Vertreter der Demokratie hinzustellen.

Der Ausdruck „Volk" anderseits bietet vielfache und obskure Möglichkeiten, gefühlsmäßige Assoziationen zu erwecken: Das Volk als nationale Einheit wird genauso angesprochen wie das Volk als Bezeichnung für die Masse der kleinen Leute, die „befreit" werden sollen. Diese Doppelsinnigkeit liegt wohl im Sinne jener von Marx geschaffenen Geschichtsmetaphysik, jenes historischen Mythos, der das

Schicksal der Nationen und der Menschheit als Folge der sog. kapitalistischen Entwicklung als in den Händen einer einzigen sozialen Klasse liegend ansieht.

Wir haben früher schon auf den Dualismus des Begriffes der Demokratie hingewiesen, je nachdem man das formelle Prinzip der Rechtsgleichheit oder das materielle Prinzip eines sozialen Ausgleiches mehr in den Vordergrund rückt. Beide stehen nicht im Gegensatz zueinander, sie können und müssen zum Ausgleich gebracht werden. Der Begriff Volksdemokratie soll nun den Gedanken einer größeren materiellen Gleichheit zum Ausdruck bringen und enthält die unrichtige Behauptung, daß andere Formen der Demokratie diese materiellen Gesichtspunkte nicht erfüllen können. Dies sei allein der „Volksdemokratie" möglich[4a].

[4a] Die Diskussion um das Wesen der „Volksdemokratie" hat 1949/50 in der Presse der Sowjetunion und der volksdemokratischen Länder einen breiten Raum eingenommen. Wir verweisen auf zwei besonders charakteristische Artikel: L. *Baranow:* Volksdemokratie als eine Form der Diktatur des Proletariats (Übers. a. d. „Prawda"), „Tägliche Rundschau" vom 18. Jan. 1950; ferner auf: Die Diskussion um Georg Lukacz, Auszüge aus dem Fazit des ungarischen Volksbildungsministers J. Révai, „Tägliche Rundschau" vom 28. April 1950.

Drittes Kapitel

Demokratie, politische Emanzipation und Kapitalismus

§ 12 Der absolute Gehalt der demokratischen Ideale

Hinter der politischen Botschaft der Demokratie steht ein bestimmtes Menschenbild, das wohl nicht zuletzt deshalb mit einem absoluten Wertanspruch auftritt bzw. auftreten kann, weil es im Grunde eine säkulare Folgerung christlicher Grundsätze darstellt. Die Glaubenssätze des für alle in gleicher Weise dargebrachten Erlösungsopfers, der für alle in gleicher Weise bestehenden Erlösungsmöglichkeit und der für alle in gleicher Weise geltenden Verantwortung für das eigene Handeln vor Gottes Gericht bilden den religiösen und sittlichen Hintergrund, der, ins Säkulare gewendet, für die Entwicklung der politischen Demokratie sehr bedeutsam gewesen ist. Damit soll nun nicht behauptet werden, daß diese säkulare Wendung selbst im Christentum schon angelegt gewesen sei. So eindeutig die grundsätzliche Verwandtschaft der Grundgedanken der modernen Demokratie mit dem christlichen Dogma auch ist, so unterschiedlich ist jedoch die Auffassung der Theologen im Hinblick auf die Bewertung dieser Zusammenhänge.

Hier laufen vor allem im Protestantismus zwei Grundströmungen parallel bzw. gegeneinander, von denen die eine Gottes Reich in einem ewig unüberbrückbaren Abstand von dieser Wirklichkeit sieht, und jene pragmatische Richtung, die — wie z. B. der religiöse Sozialismus in geradezu klassischer Ausprägung — diese Lücke vom Menschen her schließen zu können glaubt, indem er hier Sein Reich aufrichtet. Demgegenüber hat die katholische Theologie — von gelegentlichen Ausbrüchen in der einen oder anderen Richtung abgesehen — diese antithetischen Positionen nicht im gleichen Umfange und mit einer gleichen Folgerichtigkeit aufkommen lassen.

Ob es sich nun bei dem Übergang von der theozentrischen Katholizität des Mittelalters zum säkularen Subjektivismus und Anthropozentrismus vorwiegend um einen Bruch in der Entwicklung oder um eine konsequente Weiterentwicklung handelt, die in bestimmten nominalistischen Ansätzen z. B. bei W. v. Occam schon vorgelegen habe, ist nicht eindeutig zu entscheiden. Die Wendung der im Christentum vorliegenden transzendenten Grundanschauungen ins Säkulare ist für den Sozialwissenschaftler heute ein Datum, das er zwar subjektiv sehr verschieden bewerten kann, das aber nichtsdestoweniger für ihn den Charakter eines Datums behält.

Es gehört zu der eigenartigen Dialektik solcher Entwicklungen, daß beides zugleich vorliegen kann: sowohl ein Bruch als auch in einem gewissen Sinne eine organische Weiterentwicklung. Der hier vorliegende Widerspruch ist nur ein scheinbarer. So wird bei solchen Entwicklungen zumeist das Ganze nicht weiter entwickelt, wohl aber bestimmte Ansätze, die jedoch innerhalb des Ganzen einen anderen Sinn haben als bei isolierter Weiterentwicklung. Darin aber, daß durch eine solche Weiterentwicklung bestimmter vorgegebener Ansätze das Ganze schließlich von bestimmten Teilen her überspielt wird, liegt gleichzeitig auch der Bruch.

Mit dieser religiös fundierten Absolutheit der demokratischen Ideale war ihre Geltung für alle Menschen gegeben. Ein solcher Wertanspruch hat nur einen Sinn, wenn er tatsächlich alle einschließt. Hier liegt auch der fundamentale Unterschied zwischen der modernen und der antiken Demokratie, die wir deshalb eine Teildemokratie nannten, weil ganze Schichten davon ausgeschlossen waren. Nicht daß sie ausgeschlossen waren, ist an sich so erstaunlich, sondern daß man den inneren Widerspruch zwischen den Prinzipien und dem Ausschluß ganzer Schichten von der Selbstregierung damit durchaus vereinbar fand. Dieser innere Widerspruch wurde aber deshalb nicht bemerkt, weil in der Antike der aus dem Christentum stammende Persönlichkeitsbegriff einfach noch nicht vorhanden war. Daß dies selbst für Plato zutrifft, ist bekannt. „Gegen Sklaven" — so heißt es im „Staat", im 8. Buch, 5. Kap. S. 549 (Stephanus) — „ist der timokratische Mensch roh; er übersieht sie nicht einfach wie ein Mann von Bildung."

Der dem frühen Christentum in recht unhistorischer Weise von radikal-sozialreformerisch eingestellten Geschichtsscheibern häufig gemachte Vorwurf, daß es die Sklaverei nicht abgeschafft und durch die wenig reale „Gleichheit vor Gott" bagatellisiert, die Sklaverei zwar nicht gerechtfertigt, aber doch das „Opium" geschaffen habe, das die äußere Sklaverei innerlich erträglich machte, sieht an den wirklichen Zusammenhängen vorbei. Sicherlich hat in der ausgehenden Antike nicht das Christentum die Sklaverei abgeschafft. Das hätte nur der Staat gekonnt. Aber mit dem Eintritt des Christentums war der Sklaverei innerlich der Boden entzogen, so daß die Einrichtung der Sklaverei in demselben Umfang verfiel, wie das Christentum sich ausbreitete. Das frühe Mittelalter hat in Europa zu Sklaven im antiken Sinne zumeist nur „Ungläubige" gemacht, die vor allem im Zuge der europäischen Ostkolonisation „Slawen" waren, worauf der gemeinsame Wortursprung noch hindeutet.

Die Feudalordnung des Mittelalters mit der zu ihr gehörenden Leibeigenschaft liegt jedoch auf einer anderen Ebene als die antike Sklaverei. Ihrem Wesen nach stellten Feudalordnung und Leibeigenschaft ein System gegenseitiger Verpflichtungen in einer Gesellschaft dar, die ihre Gliederungsordnung theozentrisch aus der natürlichen Schöpfungsordnung begründete. Damit zusammenhängend wurde von der Scholastik der Begriff des Naturrechts entwickelt, der in politischer Hinsicht beides, nämlich die natürliche Gesamtordnung und die sich für den einzelnen Menschen daraus ergebende Rechtsausstattung umfaßte. Diese den einzelnen als Rechtsausstattung angehende Komponente des mittelalterlichen Naturrechts wurde im Naturrechtsbegriff des Rationalismus und der Aufklärung von einer verbindlichen Konzeption einer Gesamtordnung abgelöst und so zu dem Fundament jenes Prozesses, der die Demokratisierung der modernen Gesellschaften einleitete.

Diese Allgemeingültigkeit der demokratischen Ideale mußte aber mit der wirtschaftlichen und sozialen Wirklichkeit des ökonomischen Liberalismus im 19. Jahrhundert in einen unversöhnlichen Widerspruch geraten.

§ 13 Der politische und der ökonomische Liberalismus

Die Elemente des Ursprungs der Ideale der modernen Demokratie und ihrer Verfassungen liegen zusammengefaßt in folgendem: Der christliche Persönlichkeitsbegriff, die Säkularisierung, der Individualisierungsprozeß, der Rationalismus, die Harmonie- und Perfektibilitätsgläubigkeit, der freiheitsvoluntaristische Plastizitätsglaube sowie die damit zusammenhängenden Folgeerscheinungen. Das Wesen dieser Ideale besteht vor allen Dingen in der individuellen Freiheit. Diese wird nicht als eine von oben gewährte Freiheit, sondern als eine naturrechtliche Ausstattung des einzelnen mit bestimmten Berechtigungen verstanden. Die Wahrung und Ermöglichung dieser Freiheit des einzelnen ist das Ziel der Verfassungen. Die Verfassungen sollen auf der einen Seite das Naturrecht formalrechtlich kodifizieren und auf der anderen Seite einen Mechanismus schaffen, der die proklamierten Grundrechte durch Teilung und gegenseitige Hemmung der Gewalten sowie durch die vorgesehenen Kontrollen von unten (die Wahlen) gleichsam mechanisch garantiert.

Dies aber stellt uns vor einer Reihe von Dilemmata:

Wenn wir nicht wie Rousseau davon ausgehen, daß die volonté générale unbedingt und in allen Fällen auch bestrebt sei, die naturrechtlich begründete und verfassungsmäßig garantierte Freiheit unbedingt zu erhalten, wird es — wie die Erfahrung lehrt — deutlich, daß der Wille der Mehrheit durchaus nicht immer als Erhaltung der Freiheit wirkt. Was aber hat in diesem Falle höher zu stehen? Das naturrechtliche Freiheitsprinzip oder die politische Freiheit des Augenblicks, sich auch gegen dieses Freiheitsprinzip entscheiden zu können? Wie kann verfassungsmäßig das naturrechtliche Freiheitsprinzip vor dem Recht der Freiheit zu einer politischen Willensbekundung, welche die Freiheit zerstört, geschützt werden, wenn dieses jenes gefährden sollte?

Es darf weiterhin nicht übersehen werden, daß das Prinzip der Freiheit, als formelle Rechtsgleichheit der Einzelindividuen in den Verfassungen gemeinsam mit der Begrenzung und Kontrolle des Staates verankert, von Anfang an mit dem materiellen Gleichheitsprinzip gekoppelt auftritt, das wir als egalitären Demokratismus bezeichnet haben. Viele Demokraten haben sich scharf gegen diesen egalitären Zug gewandt und viele, die vor dem Ziel der Freiheit vor allem egalitäre Zielsetzungen in erster Linie verfolgten, haben sich als Demokraten ausgegeben, um mit dem Mittel der Demokratie ihrem Egalitarismus zum Durchbruch zu verhelfen.

Politische Demokratie und egalitaristischer Demokratismus sind zwar keineswegs identisch, aber dennoch wesensmäßig miteinander verwandt. In der Konsequenz des egalitaristischen Demokratismus aber liegt es, durch institutionelle und sonstige — sagen wir einmal — „künstliche" Maßnahmen, zu große faktische Ungleichheiten zu beseitigen. Dies ist jedoch jeweils nur durch beachtliche Abstriche von einer uneingeschränkten Freiheit des einzelnen möglich. Der moderne, kürzlich verstorbene, englische politische Theoretiker Harold Laski hat dies so formuliert: Je mehr Gleichheit, um so weniger Freiheit.

Der dritte zu diesem Begriffspaar gehörende Begriff der Brüderlichkeit spielt in dieser Begriffstrilogie von vornherein nur eine untergeordnete Rolle. Er bringt das zum Ausdruck, was ebenfalls mit dem Ausdruck Harmonie wiedergegeben werden könnte und hat in dieser Verbindung nur Sinn, wenn er als Konsequenz aus der Synthese von Freiheit und Gleichheit aufgefaßt wird.

Der Industrialismus wird im 19. Jahrhundert von einer Wirtschaftsordnung eingerahmt, die als individualistische Konkurrenzwirtschaft dem Ordnungsbild des ökonomischen Liberalismus, wie es die Physiokraten und die englischen Klassiker aufgestellt haben, ziemlich nahe kommt. An dieser Stelle erscheint es uns angezeigt, ein paar Worte über das Verhältnis des politischen zu dem ökonomischen Liberalismus zu sagen.

Der politische Liberalismus ist unbezweifelt älter als der wirtschaftliche Liberalismus, der die Wirtschaftsordnungen des 19. Jahrhunderts in den sich damals industrialisierenden Ländern auszeichnet. Der

§ 13 Der politische und der ökonomische Liberalismus

wirtschaftliche Liberalismus ist eine Konsequenz der den politischen Liberalismus tragenden Haltung. Er ist im 19. Jahrhundert weitgehend mit dem politischen Liberalismus identisch. Er schafft sich im politischen Liberalismus ein politisches Instrument. Aber der klassische ökonomische Liberalismus und der klassische politische Liberalismus sind doch nicht ohne weiteres identisch. Die Väter der Theorie des Laissez-faire, die Physiokraten, haben mit der Forderung des ökonomischen Laissez-faire nicht unmittelbar politische Forderungen verbunden. Adam Smith und die anderen frühen englischen Klassiker wußten durchaus vor allem die außenwirtschaftlichen Vorteile eines starken Staates zu schätzen. Keiner von ihnen war von den politischen Prinzipien des Liberalismus so durchdrungen, daß er z. B. am Kolonialismus Anstoß genommen hätte. Nur John Stuart Mill, der große Systematiker der englischen Klassik, der freilich einer späteren Generation angehört, hat die Gedanken des ökonomischen und des politischen Liberalismus in gleicher Weise konsequent vertreten, ohne dabei auf die mit dem letzteren verbundenen Gedanken des egalitären Demokratismus zu vergessen. So war das Prinzip der ökonomischen Neutralität zu einem Strukturprinzip der politischen Demokratie des 19. Jahrhunderts geworden. Damit wurde der Staat zu dem „Nachtwächterstaat", eine Wortprägung, die zwar von Lassalle stammen mag, aber als Vergleich sich schon bei W. v. Humboldt findet.

Das Neutralitätsprinzip leitete sich aus dem Autoharmonieaxiom des klassischen Wirtschaftsliberalismus her. Dieses aber basiert als „natürliches" Prinzip auf einer idealisierten Naturauffassung, wie sie sich bei Rousseau findet, bei der es sich jedoch nicht um ungezähmte Natur (z. B. des Urwaldes) handelt. Wenn Rousseau von Natur spricht, so denkt er wohl viel eher an englische Parks. Es ist die Vorstellung, daß freies Spiel der Kräfte in der Wirtschaft wie in seiner idealisierten Natur zur Harmonie führen müsse, wobei die „Harmonie" der wirklichen Natur wohl eher der Kampf ums Dasein Darwins als der liebenswürdige Wilde Seumes oder der dankbare Löwe aus der Lafontaineschen Fabel trifft. Aber diese Idee beherrschte nun einmal das 18. Jahrhundert, an dessen Anfang jener holländisch-englische Arzt Bernard Demandeville in seiner „Bienenfabel" die privaten Laster zu öffentlichen Wohltaten hatte werden lassen. („Private vices — public benefits" lautete ja bekanntlich das Motto der „Fable of the Bees".)

Wir wollen einmal jene hypothetische Annahme durchdenken, daß ein ökonomischer Liberalismus sich ohne den ein wenig älteren Zwillingsbruder des politischen Liberalismus entwickelt hätte. Dabei dürfen wir freilich nicht außer acht lassen, daß der politische Liberalismus eben nicht nur formal Rechtsgleichheit im Hinblick auf die Exekutive und das aktive und passive Wahlrecht bedeutet, denn Hand in Hand mit diesem verfassungsmäßig festlegbaren formellen Teil des politischen Demokratismus geht ständig als dessen Schatten der egalitäre Zug. Denn es handelt sich dabei um das letzlich aus dem christlichen Menschenbild in säkularisierter Form abgeleitete Prinzip, daß alle Menschen gleich seien.

Wir wollen uns hier auch nicht in eine Diskussion hineinbegeben, ob allen Menschen tatsächlich eine natürliche Gleichheit oder Ungleichheit innewohne und ob die etwa vorhandenen Ungleichheiten nur zivilisatorischen, d. h. sozialen Ursprungs, seien, wie Rousseau und die klassischen Sozialisten des 19. Jahrhunderts behauptet haben. Als Demokratismus bezeichneten wir jene Haltung, die das formale politische Gleichheitsprinzip auch auf andere Lebensgebiete als einzig auf die Sphäre des unmittelbar politischen zu übertragen geneigt ist. Auf jeden Fall aber vertragen sich auf lange Sicht nicht das in einem weltanschaulichen Gleichheitsprinzip basierende Prinzip der politischen Demokratie und die aus den wirtschaftlichen Beziehungen sich ergebenden allzu krassen Unterschiede in der sozialen Privilegierung.

Sicherlich hat eine auf diesen Punkt ständig hinweisende Sozialkritik, nämlich der Sozialismus des 19. Jahrhunderts, viel getan, gerade um diese egalitäre Seite der Demokratie populär zu machen. Aber das so fundierte Prinzip der politisch formalen Demokratie und allzu krasse, vor allen Dingen, auf lange Sicht gesehen, immer wiederkehrende soziale Unterschiede widersprechen einfach der schlichten menschlichen Logik. So kann man in diesem Zusammenhang zusammenfassend feststellen, daß der ökonomische Liberalismus des 19. Jahrhunderts in der Verbindung mit dem politischen Liberalismus auf lange Sicht gar nicht befriedigend wirken konnte, wenn wir als das Wesen der Demokratie nicht allein die formelle Freiheit, sondern auch die damit verbundenen egalitären Prinzipien der Gleichheit ansehen.

Nun kann man bedauern, daß das Prinzip der politischen Demokratie mit dem des egalitären Demokratismus gleichsam unvermeidlich innerlich gepaart zu sein scheint. Hier liegt tatsächlich, wie so oft, ein Fall vor, wo man die eine Seite nicht erwerben kann, ohne die andere mit in Kauf zu nehmen. Der große politische Denker de Tocqueville stand z. B. sowohl seinem Herkommen wie seiner Denkweise nach diesem mit der formellen Demokratie verbundenen allgemeinen Egalisierungsprozeß gefühlsmäßig ablehnend gegenüber. Seine politische, verstandesmäßig fundierte Einsicht bewog ihn jedoch, gerade diesen Prozeß als eine mit der formalen politischen Demokratisierung notwendigerweise verbundene unwiderstehbare Revolution (la révolution irrésistible) aufzufassen.

Es wäre also denkbar, daß eine in allen wesentlichen politischen Entscheidungen absolute Staatsführung der Wirtschaft völlig freien

§ 13 Der politische und der ökonomische Liberalismus

Raum gelassen hätte, d. h. also das ökonomische Laissez faire verwirklicht haben würde. Dann wäre diese freie Wirtschaft eben zu einer von jenen dunklen Gewalten geworden, deren Gunst oder Ungunst der Mensch schicksalhaft zu seinem Vor- oder Nachteil ausgeliefert ist und denen er sich zu beugen hat. Unter der Botschaft der politischen Demokratie mit dem ihr eigenen, eingangs charakterisierten Hintergrund war es jedoch einfach unmöglich, daß das ökonomische Laissez faire der atomisierten Konkurrenzwirtschaft, wie sie im 19. Jahrhundert vorlag, hätte befriedigen können.

Das Zentrum des klassisch-ökonomischen Liberalismus war das Axiom, daß durch freiheitliches Gewährenlassen der individuellen ökonomischen Eigensucht im einzelnen sich stets von selbst eine Gesamtharmonie einstelle. Diese stellte man sich als ein vollkommenes Gleichgewicht aller Produktionsfaktoren vor. Unter der Vollkommenheit des Gleichgewichts verstand man im wesentlichen den Zustand der Vollverwendung aller Produktionsfaktoren. Die Frage nach der Realistik bzw. nach der Möglichkeit dieser Art von Gleichgewichtsökonomie, die ja als ein wirklicher bzw. ständig in Verwirklichung begriffener Zustand der Wirtschaft aufgefaßt wurde, haben wir hier nicht zu beantworten. Sie setzt, wie die moderne Kritik schlüssig nachgewiesen hat, eine in der Wirklichkeit nie erreichte unendliche Geschwindigkeit in den Angleichungsvorgängen in der Wirtschaft voraus. Die moderne Theorie verneint deshalb die Möglichkeit eines vollkommenen Gleichgewichtes im Sinne der Klassik.

Das, was der Autoharmoniegedanke des vollkommenen Gleichgewichts, wie ihn die klassische und nachklassische Theorie des 19. Jahrhunderts vertrat, wirklich auszusagen versuchte, war, daß die auf der individualistischen Konkurrenz des 19. Jahrhunderts fußende Marktwirtschaft einen immanenten Systemcharakter auf Grund des Preis-, Angebots- und Nachfragemechanismus besaß, der keine Eingriffe von außen bedingte, ja auf den solche Eingriffe nur störend wirkten. Sobald wir dieses vollkommene Gleichgewicht nicht mehr als einen Zustand der Wirtschaft, oder die ständige Tendenz der Wirtschaft auf diesen Zustand hin verstehen, sondern nur als die in dem immanenten Systemcharakter der Marktwirtschaft verankerte Tendenz zur Bereinigung von Disproportionalitäten, Diskomplementaritäten und Friktionen, sind wir der Wirklichkeit der Wirtschaft ein Stück näher gekommen.

Unter der die Verkehrswirtschaft ständig begleitenden Botschaft der politischen Demokratie, dem damit verbundenen Demokratismus und dem sich ständig vertiefenden allgemeinen Demokratisierungsprozeß konnte dieses verkehrswirtschaftliche System nicht befriedigend wirken. Dies hätte nur der Fall sein können, wenn diese Ordnung des verkehrswirtschaftlichen Gleichgewichts im Sinne einer zunehmenden oder annähernden Gleichgewichtigkeit der individuellen Marktkontrahenten gewirkt hätte. Daß dies nicht allein nicht der Fall war, sondern sich geradezu das Gegenteil davon als Resultat der freien Verkehrswirtschaft einstellte, war die große sozialökonomische und politische Erfahrung des 19. Jahrhunderts, deren Konsequenzen im großen Umfange eigentlich erst gegen Ende des 19. Jahrhunderts und vor allem in diesem Jahrhundert gezogen wurden.

Die freie Verkehrswirtschaft brachte zunächst keine größere Gleichheit der Marktkontrahenten im Sinne des Demokratisierungsprozesses mit sich. Sie verstärkte die strukturellen Ungleichheiten, die sich gegenüber gewissen Schichten der Marktkontrahenten als strukturelle Handicaps und gegenüber anderen Schichten wiederum als aus der Struktur der atomistischen Konkurrenzwirtschaft sich ergebende Bevorteiligung auswirkten. Die strukturellen Benachteiligungen wirkten klassenbildend vor allem deshalb, weil sie nicht nur unter bestimmten Voraussetzungen einzelne Marktkontrahenten hier und da einmal trafen, die sich augenblicklich in einer subjektiv oder zufällig bedingten ungünstigen Position befanden. In solch ungünstigen Positionen befanden sich auf die Dauer ganze soziale Gruppen oder Schichten, die durch das gemeinsame Erlebnis dieser strukturellen Benachteiligung und durch eine entsprechende politische Propaganda zur Klasse wurden.

Natürlich fand infolge der stetig steigenden Wohlstandsrate, der Nivellierung des Geschmacks und der Lebensgewohnheiten auf lange Sicht gesehen eine Angleichung der sozialen Schichten im Hinblick auf ihre Lebensweise statt, die diese Schichten einander näher brachte als vergangene Jahrhunderte mit ihren selbst institutionell untermauerten Standesbegriffen. Diese Angleichung wurde jedoch erst verhältnismäßig spät deutlich.

Auf jeden Fall aber mußte die Tatsache oder das Bewußtsein, als soziale Schicht das Opfer struktureller Handicaps zu sein, unter den Idealen der politischen Demokratie, d. h. unter der Ideologie des gleichen Rechts für alle, als grobe Ungerechtigkeit und die Demokratie als heuchlerische Unwahrheit empfunden werden. Da außerdem in den Ländern, in denen in Europa der Industriekapitalismus entstand, noch weitgehend vorliberale Vorstellungen und soziale Schichtungen, die im Feudalismus beheimatet waren, weiter mitbestimmend waren, mußte der Widerspruch, obgleich diese Unterschiede zusehend abgebaut wurden und wegfielen, zwischen der gesellschaftlichen Wirklichkeit und der politischen Idealstellung geradezu unerträglich werden. Und nun vergesse man nicht, daß dies alles Hand in Hand mit einem sich

§ 13 Der politische und der ökonomische Liberalismus

auf die sozialen Verhältnisse beziehenden Plastizitätsglauben ging, der vor allem die sozialen Verhältnisse einschließlich der Wirtschaft für weitgehend frei formbar hielt.

So war es einer wachsamen Sozialkritik ein verhältnismäßig leichtes, die wirkliche oder vermeintliche Verlogenheit dieser politischen Idealstellung ständig zu entlarven, wobei ihr noch die Haltung des Liberalismus zu Hilfe kam, der gegenwartsbezogen von sich selbst behauptete, auf allen Gebieten die denkbar beste harmonische Ordnung hic et nunc darzustellen. So hat diese Sozialkritik die wirkliche oder vermeitliche innere Unwahrhaftigkeit dieser Ideale in dem Abstand zwischen Sein und Sollen ständig bloßstellen können und viel dazu beigetragen, daß (besonders in einer Gesellschaft wie der deutschen) Ideale der rein formellen Demokratie unter den breiten Massen nie so recht populär wurden. Denn in Deutschland waren auf Grund der fehlenden bürgerlichen Revolutionen, die England und Frankreich in ihrem vollen Tiefgang erlebt hatten, die feudalen und halbfeudalen Elemente, Standesunterschiede, Standesvorstellungen und Standesvorurteile nicht nur vorhanden wie in anderen Ländern auch, sondern in der Form von Privilegierungen politisch vielfach ziemlich direkt noch wirksam.

Diese Entlarvung der demokratischen Ideale wies ständig auf deren innere Unwahrhaftigkeit hin. Sie führte immer wieder aus: Ihr von unten sollt die demokratischen Spielregeln brav einhalten, aber von oben wird daran gar nicht ernsthaft bzw. nur soweit gedacht, als dies keinerlei materielle Einbußen mit sich bringt. Hand in Hand mit dieser Entlarvung ging aber die andere Behauptung, daß man selbst aus der tieferen und reineren demokratischen Überzeugung heraus entlarve. Dies alles aber laufe auf die Einsicht eindeutig hinaus, daß mit dem gegenwärtigen Staat und seinen Institutionen nichts anzufangen sei. Sie seien auch nicht einmal recht entwicklungsfähig oder reformierbar, sondern müßten zerschlagen werden.

Es ist das Verdienst des unter Bernstein auftretenden Reformismus gegen Ende des 19. Jahrhunderts, die Sozialkritik des Sozialismus wieder einigermaßen in ein richtiges Verhältnis zum Staate bzw. zur werdenden Demokratie gebracht zu haben, die in Deutschland wohlgemerkt damals noch keine Demokratie nach westlichem Muster, wohl aber ein sich demokratisierendes Staatswesen war. Daß der innenpolitisch auf eine revolutionäre Katastrophe hintreibende und spekulierende Sozialismus des 19. Jahrhunderts seinerseits ungeheuer viel für die Weitertreibung des Demokratisierungsprozesses in Deutschland getan hat, ist unbestritten. Daß er sich aber mit der eben umrissenen, dem Staate gegenüber rein negativen Grundhaltung innerlich mit diesem Demokratisierungsprozeß nur schlecht vertragen konnte, ist ebenfalls eindeutig[5].

Die strukturellen Ungleichheiten des verkehrswirtschaftlichen Industrialismus im 19. Jahrhundert, die sich wesentlich als strukturelle Benachteiligung bestimmter Schichten in der freien Marktwirtschaft äußerten, brachten unter dem Datum der Ideale der Demokratie und der von der politischen Wirklichkeit ausgehenden Propaganda das zustande, was uns heute als Klassengefühl oder Klassenbewußtsein vertraut ist. Die Tatsache der Klassen, wenn wir darunter soziale Schichtung überhaupt verstehen, ist natürlich mit dem Wesen und den Idealen der Demokratie durchaus vereinbar. Nicht damit vereinbar ist aber das, was sich unter bestimmten Umständen als „Klassenbewußtsein" einer bestimmten Klasse ergeben kann und sich im 19. Jahrhundert tatsächlich auch weitgehend ergab, nämlich das Gefühl und die Haltung, selbst nicht mit zur Gesellschaft dazuzugehören.

In einer Demokratie oder einer nach demokratischen Idealen sich demokratisierenden Gesellschaft darf sich keine für die soziale und politische Struktur der Gesellschaft bedeutsame Klasse als nicht mit dazugehöriger „Outlaw" fühlen. Beides verträgt sich nicht miteinander. Demokratische Gesellschaft setzt, wenn sie funktionieren soll, ein verhältnismäßig hohes Maß an spontanem Gemeinschaftsgefühl und Integration voraus. Dies aber setzt wiederum einen Konsensus bzw. eine Reihe bestimmter allgemein verbindlicher Vorstellungen voraus. Der Konsensus kann, wie im Mittelalter und in den meisten vor der modernen Zeit liegenden Gesellschaften, unbewußt z. B. über die Religion erreicht werden. In den Gesellschaften, die den Säkularisationsprozeß durchlaufen haben, muß er jedoch bewußt über den einzelnen angestrebt werden.

Nach der Säkularisation, also in einer weitgehend rationalen Gesellschaft, hängt dieser Konsensus weitgehend vom Wissen und der Erkenntnis der existenziellen, sozialen und politischen Grundwahrheiten ab. Aus diesem Grunde sind wir der Überzeugung, daß ohne eine bewußte Pflege dieser politischen Elemente in der Erziehung die heutigen säkularisierten Gesellschaften tatsächlich nicht mehr auskommen. Der Mensch muß sich über die Folgen bestimmter sozial relevanter Denkweisen und Haltungen im Klaren sein und mit ihnen von Jugend auf so vertraut gemacht werden, daß sie ihm gleichsam in Fleisch und Blut übergehen. Nur so kann er sich z. B. aus dem heute immer wieder die Ordnung störenden übertriebenen Plastizitätsglauben herausfinden.

---

[5] Hier sei auf den Beitrag „Revisionismus" (vom Verfasser) zu dem Artikel „Sozialismus" im Hdw d Sw verwiesen.

§ 13 Der politische und der ökonomische Liberalismus 53

Und noch etwas anderes, damit zusammenhängendes ist mit den Idealen und der Praxis einer politischen Demokratie unverträglich, daß nämlich eine bestimmte Klasse mit ihren Interessen sich als die „Gesellschaft" postuliert und an Stelle zu versuchen, als Teil einer demokratischen Gesellschaft ihre Interessen zu vertreten, die Gesellschaft durch die Klasse, d. h. durch sich selbst ersetzen oder in sich selbst auflösen will.

Die hier berührten Gefahren bezogen sich vor allen Dingen auf die politische Struktur des 19. Jahrhunderts, wie sie in Deutschland etwa bis zum ersten Weltkrieg anhielt. Als bestimmende Haltungen, die politisch der Demokratie gefährlich werden könnten, sind sie heute entweder völlig überwunden oder, wo in Restbeständen noch wirksam, doch in Überwindung begriffen. Der Grund hierfür ist, daß die inzwischen erfolgte Bändigung des Industriekapitalismus die Kluft zwischen den demokratischen Idealen einerseits und den strukturellen Benachteiligungen anderseits im wesentlichen geschlossen hat.

Unsere Betrachtungen haben uns vor allen Dingen gezeigt, daß politische Demokratien hinsichtlich eines zu großen Abstandes zwischen Idealstellung und Wirklichkeit, zwischen Sein und Sollen besonders empfindlich sind. Es wäre utopisch, die Ideale der Demokratie in den Demokratien als voll verwirklicht zu suchen oder ihre volle Verwirklichung zu versuchen. Dennoch kann sich keine Demokratie auf die Dauer erhalten, bei der der Gegensatz zwischen Sein und Sollen zu groß und bzw. oder zu offensichtlich ist.

Im Zuge der geschichtlichen Entwicklung haben der politische und der ökonomische Liberalismus in einem recht unterschiedlichen Verhältnis zueinander gestanden. Idealtypisch sind hier fünf Beziehungen denkbar: 1. Rein politischer Liberalismus (Toleranz und Rechtsgleichheit) ohne ökonomischen Liberalismus. 2. Rein ökonomischer Liberalismus (Laisser faire) ohne politischen Liberalismus (Demokratie). Dazwischen kämen dann die für eine Vereinigung von politischem und ökonomischen Liberalismus denkbaren Formen zu stehen, und zwar: 3. Der politische Liberalismus könnte dem ökonomischen eindeutig übergeordnet sein. 4. Der politische Liberalismus könnte aber auch dem ökonomischen eindeutig unterstellt werden. 5. Politischer und ökonomischer Liberalismus können durch paritätische Zuordnung miteinander zum Ausgleich gebracht werden.

Die wirkliche Entwicklung läßt sich in drei Zuordnungsverhältnissen typisieren: I. Etwa bis Ende des 18. Jahrhunderts nimmt der politische Liberalismus eine eindeutig beherrschende Stellung ein (s. o. zu 1 und zu 3). II. Im 19. Jahrhundert wird der politische Liberalismus weitgehend ein Instrument des ökonomischen bzw. steht er in einem zu-

nehmend stärkeren Maße in Gefahr, es zu werden (s. o. zu 2 und zu 4).
III. Die im Zuge der Bändigung der freien industriellen Unternehmerwirtschaft tatsächlich erfolgte Humanisierung des Wirtschaftlebens (die Lösung der sogenannten „sozialen Frage" des 19. Jahrhunderts) hat in den modernen Systemen der staatlich garantierten wirtschaftlichen Sicherheit die Voraussetzungen eines Ausgleiches (s. o. zu 5) zwischen dem politischen Liberalismus, bzw. den in ihm implicite enthaltenen sozialethischen Forderungen und den wirtschaftlichen und sozialen Wirklichkeiten der vom ökonomischen Liberalismus her geprägten Wirtschaftsgesellschaften geschaffen.

Bezeichnend für diesen Prozeß (insbesondere für die Abschnitte II und III) ist einmal e contrario die Geschichte der meisten sozialistischen Arbeiterparteien, die aus diesen Gründen zusehends mehr Elemente des Liberalismus aufnehmen können, aber auch die Geschichte einiger liberalen Parteien und Parteigruppen. Dies gilt insbesondere für die liberale Partei Englands. „Man kann mit geringer Übertreibung sagen, daß der Liberalismus das anbetet, was er in den 40er und 50er Jahren verbrannte, und das verbrennt, was er damals angebetet hat."[6] So wurde der Liberalismus „durch die Macht der Verhältnisse allmählich vom rein politischen Gebiet auf das soziale und ökonomische" gedrängt. „Die radikale Gruppe der liberalen Partei ... stellte später ... alle Postulate der Manchesterschule auf den Kopf."[7] Ein Prozeß, der sich in den 30er Jahren dieses Jahrhunderts in den Vereinigten Staaten wiederholte.

§ 14 Die politischen Emanzipationen

Politische Umwälzungen in revolutionärer Form sind großangelegte, gesellschaftliche Katastrophen, die den gesellschaftlichen Mechanismus jeweils erheblich stören. Auf Grund der extremen Interdependenz der industrialisierten Wirtschaftsgesellschaften fallen hier besonders die kurzfristigen wirtschaftlichen Störungen gegenüber den langfristigen politischen Resultaten ins Gewicht. Denn diese wirtschaftlichen Folgen werden in den extrem interdependenten Industriewirtschaften viel unmittelbarer spürbar als die damit vielleicht bezweckten politischen Resultate und Zielsetzungen. Je interdependenter die Industriegesellschaften werden — und mit fortschreitender industrieller Entwicklung wird dieses Charakteristikum der Interdependenz sich auch weiterhin verstärken genau so, wie wir in den vergangenen hundert Jahren eine ständige Zunahme der Interdependenz feststellen können — um so geringer werden die Chancen für politische Revolutionen und Aufstände nach dem alten Schema.

---

[6] G. *Güttler:* Die englische Arbeiterpartei. Jena 1914. S. 3. (Zitiert bei Reichel.) — [7] E. *Reichel:* Der Sozialismus der Fabier. Heidelberg 1947. S. 24.

Was meinen wir in diesem Zusammenhang mit dem Ausdruck „nach dem alten Schema"? Wir verstehen darunter, daß eine bestimmte soziale Gruppe, eine herrschende oder besser privilegierte soziale Gruppe, ihrer sozialen Privilegien entkleidet wird. Diese Privilegien „alten Stils" bestanden vor allem in zweierlei: einmal in der rechtlichen Privilegierung, in die man entweder hineingeboren oder von oben erhoben wurde und zum anderen in den damit zusammenhängenden Vorteilen materieller Art. Die rechtliche, ständische Privilegierung war die Voraussetzung für das Inkrafttreten der damit verbundenen Sonderrechte.

Diese Sonderrechte alten Stils bestanden in bestimmten politischen Funktionen und den damit verbundenen Berechtigungen und Bevorteilungen materieller Art. Durch die politischen Berechtigungen waren die so privilegierten Schichten zumeist mit der Macht ausgestattet, von sich aus für die Reproduktion der sie privilegierenden Rechtsstruktur Sorge tragen zu können. Wir haben hier in den Grundzügen das Wesen der spätmittelalterlichen und der nachmittelalterlichen Feudalstruktur der europäischen Gesellschaften vor uns. Diese läßt sich auf die Feudalstruktur des frühen und hohen Mittelalters zurückführen, aber unterscheidet sich gleichzeitig wesentlich hiervon, daß nämlich in den Entartungserscheinungen des Feudalsystems bestimmte soziale Privilegien bestimmten Schichten eingeräumt wurden, ohne daß als Gegenleistung bestimmte soziale Funktionen von diesen so privilegierten Schichten in entsprechendem Umfang zu leisten waren.

Das Feudalsystem in seiner ursprünglichen Gestalt war ja aus einer Art gesellschaftlicher Funktionsteilung erwachsen, die neben den unten aufliegenden Bürden auch die oben zu erfüllenden sozialen Verpflichtungen kannte. Jedenfalls ist das verfallende Feudalsystem gerade durch diese einseitigen Privilegierungen ohne soziale Gegenverpflichtungen gekennzeichnet. Es bildet auch den Hintergrund, von dem die bürgerlich-demokratische Entwicklung ausgeht. So laufen in den sozialen Auseinandersetzungen des 19. Jahrhunderts verschiedene Privilegierungen ineinander über, nämlich jene alten Stils, des Standes und der Geburt, und jene neuen Stils, bedingt durch die strukturellen Unterschiede, welche die industrie-kapitalistische Wirtschaft mit sich brachte.

Bei den politischen Auseinandersetzungen zwischen dem Bürgertum und den in verschiedener Weise privilegierten vorbürgerlichen Schichten handelte es sich vor allem um Privilegien, die in der Rechtsstruktur der Gesellschaft kodifiziert oder gewohnheitsrechtlich garantiert waren. Ihre Erhaltung wurde durch politische Privilegien nicht unwesentlich mitgarantiert. So handelt es sich für die nach bürgerlicher Emanzipation strebenden, mit dem Kapitalismus verbundenen Schichten, die die Träger der industriellen Entwicklung schon waren bzw erst noch werden sollten, vor allem darum, die Rechtsstruktur der Gesellschaft zu verändern und damit diese Privilegien zum Verschwinden zu bringen. Jedenfalls konnte im Zuge der Auseinandersetzungen des Bürgertums mit den Mächten des Feudalismus durch eine Änderung der Rechtsstruktur die wirtschaftliche, soziale und politische Lage des Bürgertums entscheidend geändert werden. Der Weg hierzu war die Erringung der politischen Macht, die es dann ermöglichte, die Wünsche des Bürgertums politisch durchzusetzen.

Dieses geschah in dem Prozeß der demokratischen Konstitutionalisierung, wodurch landesherrliche und ständische Willkür limitiert bzw. beseitigt und die formale Rechtsgleichheit aller Staatsbürger garantiert wurde. Damit war nun dem Prinzip der formalen Rechtsgleichheit, keineswegs aber jenen egalitären Zielsetzungen genüge getan, die, wie wir sahen, mit den Prinzipien der politischen Demokratie schon verhältnismäßig früh verbunden waren und auf eine größere materielle Gleichheit abzielten. Sie mußten sich aber vor allem an den eklatanten strukturellen Unterschieden der freien Konkurrenzwirtschaft des beginnenden Industriekapitalismus entzünden. Die Frage war hier im Grunde genommen die: genügt die formale Rechtsgleichheit und die damit gegebenen politischen Mittel, um die notwendigen Sicherungen gegen die sich aus der Konkurrenzwirtschaft von selbst ergebenden strukturellen Unterschiede einzubauen bzw. zu erwirken?

Die Vereinigten Staaten von Nordamerika haben zweifellos am konsequentesten die formalen politischen Prinzipien der Demokratie entwickelt. Aus einer Reihe von Gründen ist jedoch erst verhältnismäßig spät im sogenannten „New Deal", bzw. mit den mit dieser Verwaltungsperiode zusammenhängenden Maßnahmen und Reformen, die Bändigung des Industriekapitalismus hier konsequent auch von Seiten des Staates in Angriff genommen worden. Zu den Gründen, die diese Entwicklung hier im Vergleich zu Europa so entscheidend verzögerten, gehören u. a. die Weite des Landes und die damit für den einzelnen gegebenen Möglichkeiten, sich empor zu arbeiten, weiterhin die Prägung des gesamten Lebens durch das Pionierdasein, das einzig die Leistung und Leistungsfähigkeit des einzelnen anzuerkennen bereit war, das hieraus ebenfalls entspringende Bedürfnis nach einem schwachen Staat und, last but not least, der sich rasch entwickelnde allgemeine große materielle Wohlstand. In Europa konnte trotz der Neutralisierung des Staates in der Entwicklung des politischen Liberalismus zum sogenannten Nachtwächterstaat, die Forderung, vom Staate Abhilfe bei gewissen gewachsenen Mißständen und Mißverhältnissen zu verlangen, auf eine ganz andere Tradition rechnen. Hier war ja nicht wie in den Vereinigten Staaten der Staat nach gegenwärtigen praktischen Bedürfnissen auf-, sondern im Demokratisierungsprozeß als Gebilde der Tradition erst abgebaut worden. Etwas aber zu errichten, was schon einmal da war, nur verfallen ist, fällt stets leichter als etwas völlig Neues einzuführen. Ebenso aber waren in Europa die mannigfaltigen Organisationen des Mittelalters zur Garantie der Nahrung (die Zünfte und Innungen z. B.) weder als Organisationen noch im Bewußtsein völlig abgestorben.

Dies wird besonders deutlich, wenn wir die Geschichte der Politisierung des Mittelstandes und der Mittelstandspolitik überblicken. Die gleichen bürgerlich-mittelständischen Schichten, die wesenlich die Träger der politisch liberalen Bewegung 1848 waren, haben sich in wirtschaftspolitischer Hinsicht stets, jedoch mit wechselndem Erfolg einer extrem liberalen Wirtschaftsordnung, soweit es dabei um Handwerk und Kleinhandel ging, konsequent widersetzt. Selbst die Landwirtschaft der Vereinigten Staaten widersetzt sich wie übrigens auch die Landwirtschaft der meisten europäischen Länder einer ausschließlich freien, verkehrswirtschaftlichen Regelung. Bei diesen Erscheinungen handelt es sich heute vielfach um sehr verschiedene Dinge, wobei die für eine eindeutige Beurteilung erforderlichen Grenzen nicht immer genau festgelegt werden können. Zunächst geht es diesen Gruppen im Hinblick auf den industriellen Sektor des Wirtschaftslebens um im Sinne einer institutionellen Ordnung des Wettbewerbs liegende gleiche bzw. nicht zu ungleiche Start- und Wettbewerbsbedingungen zwischen ihren Sektoren und dem industriellen überhaupt. Daneben aber breitet sich nun gerade hier ein für die Entwicklung auf diesen Gebieten immer bedeutungs- bzw. verhängnisvoller werdender Gruppenliberalismus aus, auf dessen politische Konsequenzen wir noch an späterer Stelle einzugehen haben werden.

Durch diese Entwicklung des materiellen Gleichheitsprinzips in der Form der wirtschaftlichen Sicherungen sollte also vermieden werden, daß die strukturellen Unterschiede, welche die freie Verkehrswirtschaft des Industriekapitalismus des 19. Jahrhunderts mit sich brachte, übermächtig wurden und den Zustand bzw. das demokratische Ziel der formalen Rechtsgleichheit gefährdeten. Anderseits lag hier natürlich die Gefahr nahe, die Bedeutung der strukturellen Ungleichheiten und ihre Beseitigung bzw. Eindämmung gleichsam zu verabsolutieren, die politischen Resultate des politischen Entwicklungsprozesses zu übersehen oder zu vergessen und so die Tatsache der formellen Rechtsgleichheit und der Rechtssicherheit aller zu bagatellisieren.

Zu dem Thema politische Demokratie und materielle Gleichheit und der damit verbundenen Ausdehnung des sozialen Neides als eines politischen Faktors verweisen wir vor allem auf Schelskys „Wandlungen der Deutschen Familie in der Gegenwart" (2. Aufl. Stuttgart. 1954) und die dort auf S. 231 f. angeführte Literatur sowie auf die wiederholten Hinweise Schumpeters zu diesem Thema in „Kapitalismus, Sozialismus und Demokratie"' (2. Aufl., München 1950), und zwar insbesondere auf jene Stellen, wo es sich um die Frage des Egalitarismus und der Leistungsanreize handelt, auf die eine dynamische Industriegesellschaft ja nicht verzichten kann. Schumpeters Tagebuch-Aphorismus „Equality is the ideal of the subnormal, but even the subnormals do not desire equality but only that there be nobody better" (Schumpeter, Social Scientist, ed. S. E. Harris, Cambridge, Mass., 1951, S. 23) ist im Munde eines Überdurchschnittlichen verständlich, besagt aber hinsichtlich der mit unseren Problemen verbundenen Problematik nichts.

Für diese Ausdehnung des sozialen Neides war die objektiv gewachsene Wohlstandssituation ungezweifelt mitverantwortlich. Daß anderseits diesen Momenten bisher laufend ihre gefährliche politische Schärfe genommen wurde, hängt ebenfalls damit und mit einer bewußt auf sozialen Ausgleich abgestellten Sozialpolitik zusammen. Zugleich zeichnet sich der entwickelte Industrialismus gegenüber allen Formen des ancien régime gerade dadurch aus, daß hier der jeweilige Anteil am Sozialprodukt nicht mehr unmittelbar mit sozialen Verpflichtungen gekoppelt ist, sondern einzig von der wirtschaftlichen Leistung oder der Stärke wirtschaftlicher Interessenverbände abhängt. Durch diese „Ablösung des Lebensstils von der Person" wird der „Lebensstandard wie das Rauchen eine Art abstrakter Sucht".[8] Doch wollen wir uns hier vor allem den Auseinandersetzungen zuwenden, die als „soziale Frage" im 19. Jahrhundert bis in unsere jüngste Vergangenheit herein das Verhältnis von politisch formaler und materiell egalitärer Gleichheit besonders berührt haben.

So konnte der Kampf um die materielle Besserstellung der von dem frühen Industrialisierungsprozeß am meisten betroffenen Schichten auf zwei Wegen geführt werden. Entweder man führte den Kampf dagegen unter einem verpflichtenden Bekenntnis zur Einhaltung des Grundsatzes der formalen Rechtsgleichheit aller, dann lief dies auf eine Reform der bestehenden Gesellschaft hinaus. Oder aber man führte diesen Kampf um eine größere materielle Gleichheit als Befreiung von gewissen strukturellen Handicaps ohne Rücksicht auf formale Rechtsgarantien, dann begab man sich u. a. auf den Weg der Zerschlagung der bestehenden Gesellschaft und auf den Boden der

---

[8] A. *Gehlen:* Unser Lebensstandard. Velhagen und Klasings Monatshefte 1953, Heft 10. S. 881. — Karl *Bednarik:* Der junge Arbeiter von heute — ein neuer Typ. Stuttgart 1953. — Ht: Junge Sozialisten — oder was? Dz & WiZ. 12. 9. 1953. — *Sipax:* Neuer Typ: Der Schlurf. Nürnberger Nachrichten Juli 1953. —

§ 14 Die politischen Emanzipationen 59

Lehre von der „Diktatur des Proletariats", war also bereit, die mühsam erkämpfte Rechtsgleichheit ad maiorem egalitatis gloriam aufzugeben.

So geht es für die Demokratie tatsächlich um das Gleichgewicht zwischen formeller Rechtsgleichheit mit ihrer für alle geltenden Freiheit und der materiellen Gleichheit bzw. der wirtschaftlichen Sicherung. Diese Freiheit kann nach ihrer negativen Seite hin als das Freisein von den sich aus der Rechts- und Sozialordnung ergebenden Deprivilegierungen, bzw. den aus den Privilegien anderer Schichten herrührenden Bedrückungen und Untertänigkeiten definiert werden. Diese materielle Gleichheit aber darf im Interesse des Weiterbestandes der Rechtsgleichheit aller nie als absolute Gleichheit im Sinne des Utopismus verstanden werden. Sie ist um das Prinzip der Rechtsgleichheit nicht zu gefährden, wohl am besten so zu bestimmen, daß es sich dabei nämlich um die Ausbalanzierung extremer Ungleichheiten handelt, die sich hier freilich nicht so sehr aus der Staats- und Sozialordnung, sondern aus der Wirtschaftsordnung bzw. aus den freien verkehrswirtschaftlichen Verhältnissen ergaben. Diese Unterschiede waren insbesondere soweit aufzuheben, als sie auf lange Sicht in der Lage waren, die politische Freiheit gegenstandslos zu machen.

Alle diese Probleme sind, freilich mit völlig anderen und wesentlich zeitgebundenen Begriffen, der eigentliche Inhalt der großen Auseinandersetzungen in den Reihen der politischen Sozialisten gegen Ende des vergangenen und zu Beginn des gegenwärtigen Jahrhunderts gewesen, die uns als die sogenannten Reformismusdebatten bekannt sind. Der heutige Kapitalismus in seiner gebändigten Form hat ungeheuer viel von dieser Sozialkritik profitiert, was nur selten von den orthodoxen Vertretern des Liberalismus anerkannt zu werden pflegt. Anderseits haben sich durch diesen Bändigungsprozeß eine Reihe von Aufgaben erledigt, die der klassische Sozialismus als nur von einem sozialistischen Gemeinwesen, der sozialistischen Zukunftsgesellschaft, für lösbar hielt. Das übersehen nun immer wieder auch Vertreter des westlichen demokratischen Sozialismus. Nach der kapitalistischen Bändigung ist heute ein demokratischer Sozialismus im Stile seines klassischen Vorgängers aus der Zeit zwischen 1848 und 1914 unzeitgemäß geworden. Es wäre ein Rückgriff hinter das vom politischen Sozialismus wesentlich mit Erreichte, der nur auf Kosten dieses Erreichten gehen könnte. Unter diesen Bedingungen hat auch der westliche demokratische Sozialismus heute keine klassenkämpferischen Aufgaben mehr, sondern die Aufgabe der demokratischen Interessenvertretung. Er hat unter diesen Bedingungen nur noch Sinn als demokratischer Laborismus. Für eine sozialistische Politik im klassischen Stile des 19. Jahrhunderts fehlen deshalb die Voraussetzungen, gerade weil der Sozialismus so erfolgreich wirkte[9].

Mit der Bändigung des Industriekapitalismus hat sich das politische System der formalen Rechtsgleichheit im Sinne des materiellen Gleichheitsprinzips in den westlichen Demokratien erweitert. Damit hat sich der Sozialismus in seiner klassischen Form, als utopische Hoffnung auf eine Idealgesellschaft der Zukunft, gleichgültig ob diese als Ergebnis einer Revolution oder allmählicher Reformen gedacht wurde, selbst überflüssig gemacht, indem er an der Umgestaltung der für sein Entstehen entscheidenden Basis, den wirtschaftlichen und sozialen Verhältnissen des ungebändigten Industriekapitalismus, selbst entscheidend mitwirkte.

Die „Emanzipation des Proletariats" ist tatsächlich durch die Erweiterung der politischen Demokratie auf alle und im Sinne der wirtschaftlichen Sicherheit heute in den westlichen Demokratien eine weitgehend vollzogene oder sich vollziehende Tatsache, die als sozial- und wirtschaftspolitische Aufgabe in der Hauptsache nicht mehr vor, sondern hinter uns liegt. Sie hat sich ebenfalls wesentlich anders vollzogen als die früheren Emanzipationen und als es der klassische Sozialismus erwartete.

Die Übertragung des alten Schemas der Emanzipationen, das für die nicht demokratischen Gesellschaftsformen weitgehend galt, um die Mitte des 19. Jahrhunderts ist durchaus verständlich. Jedoch nur geschichtlicher und politischer Unverstand oder böser Wille kann heute noch dabei verharren. Durch die allgemeine demokratische Rechtsgleichheit ist ein Element in die industriewirtschaftlichen Demokratien gekommen, das diese Gesellschaftsformen wesentlich von den vorindustriellen unterscheidet. Alles, was an „Emanzipationen" oder notwendigen sozialen Reformen hier noch zu vollziehen ist, kann sich organisch, kontinuierlich abspielen.

Kein historischer Prozeß kann aber über sich selbst hinaus getrieben werden. Es gibt in der Kette der neuzeitlichen Emanzipationen tatsächlich keinen Schritt über das Prinzip der individuellen Freiheit, über die sie garantierende allgemeine Rechtsgleichheit und die Gleichheit als Garantie der wirtschaftlichen Sicherheit hinaus. Jeder Versuch, diesen Prozeß über sich selbst hinaus zu treiben, muß die politische Entwicklung auf längst überwundene Stadien zurückwerfen. Das, was die eine oder andere soziale Schicht dabei vorübergehend gewinnen kann, steht ungleich größeren Verlusten des Ganzen gegenüber, die Freiheit, Würde, Rechtsgleichheit und Sittlichkeit des Menschen in Frage stellen.

---

[9] Vom Verfasser: Wesen und Wandlung des Sozialismus und seiner Sozialkritik vom klassischen zum heutigen Sozialismus. Ztschr. f. d. ges. Staatswissenschaft, 1951, 107. Bd., 4. Heft, S. 660 ff.

Viertes Kapitel

Der Industrialismus

§ 15 Der Industrialismus als Produktionsweise

Es verbleibt uns nun, den Begriff des Industrialismus eingehender zu bestimmen als dies bisher getan werden konnte[10].

Der Industrialismus ist eine Produktionsweise. Produktionsweisen pflegen in bestimmte Wirtschafts- und Sozialordnungen eingebettet zu sein, die von der politischen Ordnung des Ganzen ihrerseits abhängig sind. Der Industrialismus ist in den altindustriellen Ländern im 19. Jahrhundert unter der Wirtschaftsordnung des Kapitalismus und unter den Idealen der freien Verkehrswirtschaft groß geworden. Er hat mannigfach Kritik erfahren. Zwar nicht die einzige, wohl aber die wirkungsvollste und auf lange Sicht nachhaltigste an ihm war die Sozialkritik an der Wirtschaftsordnung, die der klassische Sozialismus geübt hat.

Industrialismus, Kapitalismus und ökonomischer Liberalismus sind für das 19. Jahrhundert, aber auch nur für das 19. Jahrhundert, weitgehend identische Begriffe. Als 19. Jahrhundert sehen wir jene Epoche an, die nach der Einleitung durch die französische Revolution mit der Beendigung der Napoleonischen Revolutionskriege 1815 beginnt und genau hundert Jahre später, im ersten Weltkrieg, zu Ende geht, während von da ab bis zum Beginn der Weltwirtschaftskrise, Ende der zwanziger Jahre, der Liberalismus noch eine kurze, freilich nicht sehr volle, Nachblüte erlebt. Aus dieser Identität von Industrialismus,

---

[10] Für die detaillierte Untersuchung der hier skizzierten Zusammenhänge sei auf des Verfassers Buch „Industrialismus und Kapitalismus (Sozialethische und institutionelle Wandlungen einer Wirtschaftsform)" verwiesen, das noch im Laufe dieses Jahres erscheinen wird.

Unserer Auffassung des Industrialismus als einer das gesamte gesellschaftliche Dasein bestimmenden Produktionsweise mit weit über den Rahmen der spezifischen Wirtschaftsordnungen hinausgreifenden Tendenzen eigengesetzlicher Art kommt das dem Verfasser erst nach Abfassung dieser Abhandlungen bekanntgewordene Werk von Peter F. Drucker: Gesellschaft am Fließband, Frankfurt/M. (o. J.), Deutsche Übersetzung von „The New Society/The Anatomy of the Industrial Order", New York 1949/50) wohl verhältnismäßig nahe. Dies gilt sowohl im Hinblick auf diesen Kernpunkt der Analyse als auch hinsichtlich der Auffassung von der Bedeutung einer Politik der sozialen Sicherheit in den heute hoch entwickelten Industriegesellschaften.

Kapitalismus und ökonomischem Liberalismus im 19. Jahrhundert und der an ihr durch den Sozialismus geübten Sozialkritik hat es sich eingebürgert und ist es über Gebühr üblich geworden, sich bei der Kritik des Industrialismus vor allem der institutionellen Sozialkritik zuzuwenden. Institutionelle Sozialkritik ist jene Art der Sozialkritik, die sich gegen die Wirtschaftsordnung und die ihr zugrundeliegenden rechtlichen Institutionen (in diesem Falle vor allem also gegen das Eigentumsrecht an den Produktionsmitteln und die Vertragsfreiheit) richtet.

Daneben hat sich mit der gegen Ende des 19. Jahrhunderts einsetzenden kulturkritischen Strömung, die u. a. mit Dostojewski, Friedrich Nietzsche, Gustave Le Bon und Sigmund Freud einsetzte und im Zusammenhang mit dem Geschehen des ersten Weltkrieges so erfolgreich von Oswald Spengler vorgetragen und vertieft wurde, eine Sozialkritik am Industrialismus entwickelt, die wir zum Unterschied von der institutionellen als kulturelle Sozialkritik am Industrialismus bezeichnen wollen.

Ihr geht es nicht um die Kritik an der Wirtschaftsordnung, die ja weitgehend ein vom Staat zwar nicht willkürlich gesetzes, aber doch eben veränderliches Datum ist. Der kulturellen Sozialkritik aber geht es vor allem um die Folgen, die dem Industrialismus zu eigen sind, der im 19. Jahrhundert zwar nicht zufällig mit dem Kapitalismus und der freien Verkehrswirtschaft gepaart auftrat, jedoch auch in andere Wirtschaftsordnungen gebettet sein kann.

Das unverbundene Nebeneinander von zwei Arten der Sozialkritik, nämlich einer, die sich vor allen Dingen auf die Institutionen und einer anderen, die sich wesentlich auf die kulturellen Folgen des Industrialismus konzentrierte, hat sich durchaus nicht zugunsten einer systematisch umfassenden sozialwissenschaftlichen Erkenntnis des Industriekapitalismus im 19. Jahrhundert ausgewirkt.

In der üblichen Kritik an der Wirtschaftsordnung wurde die kulturelle Problematik des Industrialismus entweder überhaupt übersehen oder bagatellisiert. Dies wurde durch eine Reihe von Umständen noch erleichtert, und zwar einmal dadurch, daß sich das 19. Jahrhundert im Zusammenhang mit dem ihm eigenen, ausgeprägten Selbstbewußtsein durch eine verhältnismäßig tiefgehende Kulturstumpfheit gegenüber der Tradition und dem Gewordenen auszeichnet. Diese Kulturstumpfheit erlaubte es z. B. Karl Marx, im kommunistischen Manifest, in einem Atemzug gotische Kathedralen und rauchende Fabrikschlote zu nennen. Dieses Selbstbewußtsein war optimistisch und wissenschaftsgläubig zugleich. Mit diesem Optimismus, der in seiner liberalen Variante autoharmonistisch von der Gegenwart, in seiner sozialistischen Variante prospektiv von der Zukunft alles erwartete, war aber die vielfach retrospektiv-romantische Tendenz dieser Kulturkritik am Industrialismus unvereinbar. Der Wissenschaftsgläubigkeit und der zum Teil wissenschaftlich fundierten institutionellen Sozialkritik mußte naturgemäß die zunächst vielfach reichlich vage und stark gefühlsbedingte Kulturkritik zuwiderlaufen.

In der Kulturkritik mit ihren teilweise romantisch-konservativen Ideen und Tendenzen wurden anderseits vielfach die großen sozialen Anliegen der Industriewirtschaft, die Korrekturen und Reformen der Wirtschaftsordnung geradezu herausforderten, weitgehend übersehen. Beide, die institutionelle Sozialkritik und die Kulturkritik, waren — so ließe sich ihr Verhältnis zueinander etwas vereinfachend bestimmen — innerlich so angelegt, daß jeweils die eine Art der Sozialkritik für die Ansatzpunkte der anderen Art kaum eine Möglichkeit des Verständnisses besaß.

Zwar gibt es heute eine ganze Reihe von Ansätzen, aber noch immer fehlt den Sozialwissenschaften eine umfassende Industrialismustheorie, die vor allem diese beiden Seiten und die anderen mit dem Industrialismus verbundenen bedeutenden Probleme systematisch unter ökonomischen, soziologischen und politischen Aspekten nicht mehr nur jeweils isoliert, sondern in ihren inneren Zusammenhängen sieht. Keine Erscheinung der sozialen Formenwelt bringt uns die Notwendigkeit einer umfassenden sozialwissenschaftlichen Orientierung und Synthese so deutlich zum Bewußtsein wie der Industrialismus.

§ 16 Der Industrialismus und die Sozialwissenschaft

Nun sind die soziologischen, ökonomischen und politischen Probleme des Industrialismus zwar in vielfältiger Form untersucht worden, zumeist aber doch verhältnismäßig isoliert voneinander. Es genügt u. E. auch nicht mehr, die Erkenntnisse dieser einzelnen Forschungsgebiete zueinander als Daten in Beziehung zu setzen. Natürlich sind der politische Liberalismus und der mit ihm verbundene politische Demokratisierungsprozeß Daten für die Entwicklung des ökonomischen Liberalismus im 19. Jahrhundert. Der politische Liberalismus ist das wesentliche institutionelle Datum für den ökonomischen Individualismus. Damit ist die statische Beziehung zwischen beiden wesentlich angedeutet. Was bedeutet aber dieses politische Datum für die Entwicklung und das Schicksal des ökonomischen Liberalismus, d. h. also der freien Verkehrswirtschaft des 19. Jahrhunderts, oder umgekehrt? So gilt es hier zu fragen, um die dynamischen Beziehungen dieser Elemente des Sozialprozesses zueinander aufzudecken. Nur so wird eine sozialwissenschaftliche Theorie des Industrialismus möglich, in der dann der Sozialprozeß „unter seinem eigenen Dampf" — wie

Schumpeter sagt — abläuft. Die Sozialwissenschaft der Zukunft, die eine systematische Synthese, der heute noch zumeist getrennt marschierenden Gebiete: Ökonomie, Soziologie und Wissenschaft von der Politik sein wird, wird die Aufgabe haben, sich nicht nur mit der umfassenderen Bezeichnung „Sozialwissenschaften" zu versehen, sondern auch die hier erforderliche Synthese zwischen den verschiedenen Gebieten systematisch zu vollziehen haben.

Natürlich ist die deutliche Scheidung zwischen Daten und Problemen (W. Eucken) für jeden Wissenszweig der Sozialwissenschaften, insbesondere für den wissenschaftlichen Anfänger von großer methodologischer Bedeutung, aber mit jeder rein ökonomischen, rein soziologischen und rein politischen Untersuchung befinden wir uns doch erst im Vorhof der eigentlichen sozialwissenschaftlichen Fragestellung und Problematik, auch wenn wir mit einzelnen Untersuchungen jeweils ins Zentrum der teilgebietlichen Forschung vorstoßen.

Was bedeutet also — so nehmen wir unsere Frage nochmals auf — das Datum des politischen Liberalismus und des damit zusammenhängenden Demokratisierungsprozesses für den ökonomischen Liberalismus? Es stellt, wie wir schon ausführten, kein Datum statischer Natur dar. Auf diese Demokratisierung, d. h. die Aufnahme dieser Gedanken im Bewußtsein der Massen, ist es zurückzuführen, daß die mit der Verkehrswirtschaft gegebenen strukturellen Unterschiede in der Gewichtigkeit der Marktkontrahenten einfach als unerträglich und mit der politischen Demokratie als unvereinbar empfunden wurden oder empfunden werden bzw. empfunden werden mußten. Andererseits haben die aus den verkehrswirtschaftlichen Beziehungen sich ergebenden strukturellen Unterschiede sich auch immer wieder im politischen Bewußtsein gegen die politische Demokratie ausgewirkt.

Was aber wird, wenn ein im Sinne des politischen Demokratisierungsprozesses zu weitgehendes Egalitätsstreben die wirtschaftlichen Leistungsanreize zu dezimieren droht? Erst eine umfassende sozialwissenschaftliche Fragestellung ermöglicht es hier den Sozialwissenschaftern die Antworten, die man von ihnen erwartet, zu geben. Die mit der Säkularisierung entstehenden wirtschaftlichen, soziologischen und politischen Verhältnisse haben auch die Sozialwissenschaften als neuen selbständigen Wissenszweig nicht zufällig entstehen lassen. So sollten denn auch die Sozialwissenschafter Gesellschaft, Politik und Wirtschaft nicht immer wieder dem „Zufall" zu überlassen versuchen. Sozialwissenschaft ist Normwissenschaft.

Dieses aber setzt voraus, daß eine Sozialwissenschaft vorhanden ist, die diese umfassenden Aufgaben erkennt und anerkennt und auf Grund ihrer systematischen und umfassenden Fragestellung sich die Befähigung zu ihrer Bewältigung erwirbt. Wie kann aber eine solche

§ 16 Der Industrialismus und Sozialwissenschaft

umfassende Sozialwissenschaft entstehen, wenn sich die wissenschaftlichen Körperschaften gegen sie heute noch wehren, oder wenn die heutigen politischen Parteien die politischen Sozialwissenschaften als ein bloßes politikum zur Durchdringung der wissenschaftlichen Forschung mit bestimmten politischen, wohl am liebsten ihren Ideen, verwenden möchten?

Wie kann eine in diesem Sinn „politische" Sozialwissenschaft heute noch immer wieder auf solchen Widerspruch von Seiten der traditionellen Disziplinen stoßen, nachdem sich doch auch bei diesen in den letzten Generationen laufend neue Unterteilungen ergeben haben und Spezialfächer hinzugetreten sind? Für die Erklärung dieser Tatsache genügt es u. E. nicht, einfach auf die Neuartigkeit dieser Erweiterung im Rahmen des traditionellen Hochschulbetriebes hinzuweisen. Der wesentliche Grund hierfür scheint uns doch zu sein, daß die Wissenschaft von der Politik und eine politisch orientierte Sozialwissenschaft wesentlich nur als Normwissenschaft, und zwar als eine solche mit universaler Tendenz einen Sinn hat.

Ist aber, so könnte man gegenfragen, die Pharmazie oder die Zahnheilkunde nicht auch „Normwissenschaft"? Zweifellos, aber doch nur für die, die diese Wissensgebiete angehen, und innerhalb ihrer teilgebietlichen Grenzen, während die Wissenschaft von der Politik als Teil oder gar als Spitze einer allgemeinen Sozialwissenschaft, eben doch universal auf alle gesellschaftlichen, d. h. politischen Zusammenhänge angelegt ist. Dieses „Gesellschaftliche" betrifft aber nicht nur den, den es eben gerade angeht, es ist seiner Natur nach im Gegensatz zu allen wissenschaftlichen Disziplinen mit Ausnahme von Theologie und Philosophie nicht teilgebietlich, sondern betrifft tatsächlich jeden.

Während die Philosophie mit ihren Erkenntnissen stets mit dem Anspruch der objektiven Gültigkeit auftritt, besitzt die Theologie aus der Natur der Sache heraus gegenüber dem Menschen und allen seinen Seins- und Wissensgebieten einen Absolutheitsanspruch, der freilich gerade infolge der Säkularisation und des damit entwickelten Wertsubjektivismus verschüttet bzw. zum Teil aus dem Bewußtsein geschwunden ist.

Einen Absolutheitsanspruch im Sinne der Theologie kennt die Philosophie, soweit sie sich ihrer eigenen Grenzen bewußt bleibt, nicht. Der bei einer universal angelegten Wissenschaft von der Politik in ihrem allgemeinen Normcharakter uns begegnende Absolutheitsanspruch ist zwar anderer Art und Begründung als der Absolutheitsanspruch der Teologie, aber er ist heute aus der Sache heraus universell. Er ist seiner inneren Tendenz nach auf Universalität deshalb angelegt, weil: 1. das Wesen des Menschen sozialapriorischer Art ist, 2. der als Folge der Säkularisation eingesetzte Wertsubjektivismus und die damit verbundene Individualisierung durchaus nicht die Gewähr bietet, daß das für jedes organisierte Sein (Staat, Gesellschaft z. B.) notwendige Minimum an tragenden gemeinverbindlichen Vorstellungen wirksam ist, 3. die Industrialisierung eine gesellschaftliche Interdependenz und das Ende aller autonomen Einzelexistenzen in diesen Gesellschaften zugleich mit dem Ende der traditionellen patriarchalischen Bindungen mit sich gebracht hat, eine Interdependenz, welche die vorindustrielle Zeit in diesem Umfange und in dieser Intensität nicht gekannt hat.

So wie der Industrialismus und die moderne Sozialwissenschaft nur als Produkt der Ablösung von dem mittelalterlichen Unitätsprinzip zu verstehen sind, so kann der Inhalt der Wissenschaft von der Politik als Zweig der Sozialwissenschaft in bestimmten Teilen wiederum nur aus der mit dem Industrialismus gegebenen gesamtgesellschaftlichen Problematik bestimmt werden.

Außerdem, so neu wie es auf den ersten Blick scheinen mag, ist die Wissenschaft von der Politik als Teil der Sozialwissenschaften gar nicht. Sie war einst ein Teil der Philosophie und bzw. oder der Theologie. Sie wurde bzw. wird vor allem im Rahmen der Rechtswissenschaft in der Lehre von der Wirtschaft und in der neueren Geschichte hier überall freilich nur stückhaft betrieben.

Es ist durchaus nicht weit hergeholt oder gar eine künstliche Zweckkonstruktion, das Problem der sozialwissenschaftlichen Synthese und ihre systematische Ergänzung durch Soziologie und die Wissenschaft von der Politik über den Rahmen der Volkswirtschaftslehre hinaus im Zusammenhang mit der sozialen, politischen und wirtschaftlichen Problematik des Industrialismus selbst zu betrachten.

§ 17 Wesensmerkmale der industriellen Produktionsweise

Fast alle Erörterungen über den Industrialismus, oder wie man auch oft sagt, die „Technik" und die damit gegebenen sozialen und individuellen Probleme kranken neben der schon eingangs berührten Einseitigkeit der Sozialkritik zumeist daran, daß sie in vielen Fällen nicht viel mehr als persönliche Sympathie- oder Antipathieerklärungen sind. Sie sind häufig weder klar fundiert und entspringen in vielen Fällen reinen Gefühls- und Geschmacksurteilen. Daß damit der wissenschaftlichen Klärung all dieser Probleme häufig nur wenig gedient worden ist, erübrigt sich zu betonen. Auch werden bei diesen Meinungsäußerungen die Begriffe Technik, Industrialisierung, Industrialismus und Kapitalismus im allgemeinen so unqualifiziert nebeneinander verwendet, daß der Versuch einer genaueren Begriffsbestimmung des Industrialismusphänomens uns notwendig erscheint.

§ 17 Wesensmerkmale der industriellen Produktionsweise

Der Industrialismus ist eine Produktionsweise. Produktionsweisen pflegen den einzelnen vom Beruf oder der Arbeit her zu formen, indem sie durch die ständig wiederkehrenden Handlungen bestimmte Haltungen oder Aspektstrukturen gegenüber der Umwelt erzeugen. Sie bestimmen je nach dem Umfang, in dem sie eine bestimmte Gesellschaft durchdringen bzw. eine Bevölkerung einbeziehen, diese Bevölkerung in ihrer Haltung und wirken so auf die Gesellschaft zurück.

Hier ist vor allem darauf hinzuweisen, daß der Industrialismus sich von irgendwelchen anderen Produktionsweisen dadurch unterscheidet, daß er in zunehmendem Umfange sich stets verbreiternde Schichten Arbeitsbedingungen unterwirft, die wesentlich gleich sind. Natürlich sind sie nicht in der Art der Verrichtung miteinander völlig gleich, wohl aber hinsichtlich der Stellung des einzelnen im Produktionsprozeß und zum Produkt seiner Arbeit. Nicht darin unterscheidet sich der Industrialismus von vorindustriellen Produktionsweisen, daß dort diese Formung vorliegt und hier nicht wirksam gewesen sei, sondern durch die Art der Formung sind sie voneinander verschieden.

Produktionsweisen sind nicht ohne weiteres identisch mit Wirtschaftsordnungen. Die mit einer Produktionsweise verbundenen Nebenerscheinungen können wohl durch die Wirtschaftsordnung und die Wirtschaftspolitik abgemildert oder auch verstärkt werden. Auf jeden Fall ist nicht so sehr die Tatsache belangreich, daß Produktionsweisen auf die Struktur einer Gesellschaft wirken, belangreich ist vielmehr, in welchem Umfange und auf welche Art und Weise diese Wirkungen verlaufen. Es ist dabei durchaus denkbar, daß dem Wirken der wirtschaftpolitischen Ordnungsversuche hier bestimmte Grenzen gesetzt sind, d. h., daß unter Umständen bestimmte Tendenzen der Produktionsweise von der Wirtschaftsordnung und der Wirtschaftspolitik verhältnismäßig unabhängig sein können, daß diese gleichsam stärker sind als die dem Menschen gegebenen Korrekturmöglichkeiten. Ebenso ist es denkbar, daß auf Grund bestimmter Mängel und Einseitigkeiten der sozialen Erkenntnis die Wirtschaftspolitik, in dem Bestreben Ordnung zu stiften, sich unter Umständen Aufgaben stellt, die sie gar nicht erfüllen kann.

Wir haben es hier mit den Wirkungen des Industrialismus zu tun. Dabei empfiehlt sich ein kurzes Wort zu dem Ausdruck Industrialismus. Der Ausdruck „Industrialismus" gehört zu jener großen Zahl von heute gebräuchlichen „Ismen", die in Anbetracht gewisser schematischer Denkgewohnheiten vielfach begriffsrealistisch im Sinne magisch-animistischer Mystifizierungen wirken. Das gilt besonders für den in der sozialen Problematik wissenschaftlich nur wenig Geschulten. Dennoch kommen die Sozialwissenschaften ohne derartige Begriffsbildungen nicht aus. Sie gehören einfach zum theoretischen Vokabularium.

Die einzige Möglichkeit, derartige Begriffe vor der ihnen anhaftenden Vieldeutigkeit zu bewahren, ist eine genaue Begriffsbestimmung. Im Interesse der Lesbarkeit wissenschaftlicher Texte ist es jedoch kaum möglich, auf derartige Begriffe selbst zu verzichten.

Als Produktionsweise ist der Industrialismus durch drei Tatsachen bestimmt, und zwar sind dies: 1. die Verwendung von Maschinen, 2. der Großbetrieb und 3. eine extreme volkswirtschaftliche und vor allem innerbetriebliche Arbeitsteilung. Man kann hiergegen einwenden, daß es dies alles schon vorher in der Wirtschaft gegeben habe. Dies trifft auch zu. Aber bei diesen drei Grundtatsachen kommt es im Hinblick auf das Industrialismusphänomen nicht auf die einzelne Tatsache als solche an, sondern auf deren gemeinsame Zusammengehörigkeit und auf den Umfang, in dem diese Elemente hier gemeinsam vertreten sind.

Daneben ist der Industrialismus von zwei Erscheinungen begleitet. Es handelt sich hierbei einmal um den Abbau des früher den ökonomischen Individualismus mildernden Patriarchalismus in Wirtschaft und Gesellschaft mit seinen mannigfaltigen wirtschaftlichen und sozialen Sicherungen, die als ständige Reserven vorhanden waren. Und es handelt sich weiterhin um den Abbau der mehr oder weniger unabhängigen Existenzen in der Wirtschaft. Mit dem letzteren ist vor allen Dingen eine Entfunktionalisierung der natürlichen Lebensverbände (Familie, Haus-, Sippen-, Guts- und Dorfgemeinschaften) gegeben. Entfunktionalisierung bedeutet aber stets Verkümmerung in zunehmenden Umfange. Es handelt sich dabei wiederum um eine Erscheinung, die in der Sozialgeschichte der Menschheit im Industrialismus weder einmalig noch erstmalig auftritt. Dieser Tatsache kommt aber für diesen Zusammenhang deshalb ein so besonderes Gewicht zu, weil sie sich nicht auf irgendwelche Tatbestände des sozialen Verbandsdaseins überhaupt, sondern sich auf die natürlichen Lebensgemeinschaften bezieht, wobei wir auf die soziologische Erfahrung hinweisen, daß die organisierten Gesellschaftsverbände nur solange und insoweit intakt bleiben können, als sie auf intakten natürlichen Lebensgemeinschaften (Nachbarschaftsverbänden) fußen.

Natürlich hat es, solange es wirtschaftende Menschen gibt, Technik gegeben, denn was sind letzten Endes Werkzeuge anderes als Technik? So umfaßt die Technik alles vom primitivsten Grabstock bis zur kompliziertesten Atommaschine. So sind auch Technik und Industrialismus in einem abstrakten begrifflichen Sinne identisch. Dennoch ist der Industrialismus ein Sonderfall der Technik. Der Industrialismus ist nicht eine von vielen Produktionsweisen, wo Technik in der Gestalt mannigfaltiger Erfindungen auch Verwendung findet, sondern eine Produktionsweise, in der die Technik einfach vorherrscht und die Ge-

§ 17 Wesensmerkmale der industriellen Produktionsweise 69

sellschaft von der Technik beherrscht wird. An Stelle einer traditionsgebundenen empirischen Technik ist eine dynamische Rationalität getreten, die im Gegensatz zu vorindustriellen Jahrhunderten der Technik keine Fesseln anlegt, sie vielmehr vollkommen entbunden hat.

So wird der Industrialismus zwar zu einem besonderen Fall von Technik, ist jedoch nicht mehr all den anderen Fällen von Technik als wesentlich gleich gegenüberzustellen. Er nimmt innerhalb dieser verschiedenen Möglichkeiten eine Sonderstellung ein und stellt etwas Endgültiges, zumindest den Ansatz zu etwas Endgültigem, dar. Dieses Endgültige besteht darin, daß nunmehr der vollen Entfaltung der Technik auf allen Gebieten ohne Ausnahme eigentlich nichts mehr im Wege steht.

Natürlich unterscheiden sich sowohl die Epochen der vorindustriellen Produktionsweisen und die verschiedenen Phasen des Industrialismus untereinander nach dem jeweiligen Grade der Technisierung. Doch ist mit dem Industrialismus endgültig ein Tor aufgestoßen worden, dessen Durchbruch die Entfaltung der Technik im vollen Umfange und auf allen Gebieten ermöglichte.

Industrialismus und Kapitalismus sind im 19. Jahrhundert miteinander verbunden. Der Kapitalismus stellt eine besondere Wirtschaftsordnung dar, welche die dynamischen Möglichkeiten, die in einer individualistischen Unternehmerwirtschaft ruhen, besonders begünstigte, freilich auch ihre Schattenseiten im gleichen Ausmaß zur Entwicklung brachte.

Das 19. Jahrhundert seinerseits stellt eigentlich als Ganzes einen Teil der auch heute noch nicht abgeschlossenen sogenannten industriellen Revolution dar. Der Begriff der industriellen Revolution ist mehrdeutig. Sie kann zu sehr verschiedenen Zeitpunkten angesetzt werden. Ebenso vollzieht sie sich in den einzelnen Volkswirtschaften selbst mit beachtlichen zeitlichen Unterschieden. Es ist aber nicht gleich, ob man dabei an den ersten Übergang, an die Entfaltung des Maschinenwesens oder an den Zustand des Entfaltetseins denkt.

Zwar ist die makroökonomische Leistung des Industrialismus in Verbindung mit dem Kapitalismus im 19. Jahrhundert ungeheuer erfolgreich gewesen. Doch steht dieser langfristigen Rationalität eine Reihe von kurzfristigen Irrationalitäten des gleichen Systems, im 19. Jahrhundert insbesondere die aufeinanderfolgenden Krisen, gegenüber. Diese kurzfristige Irrationalität hat die Erkenntnis der langfristigen Rationalität im allgemeinen erschwert, während bei Erkenntnis der langfristigen Rationalität die Tatsache unverständlich bleiben mußte, daß es diesem auf lange Sicht so rationalem System nicht gelingen könne, diese kurzfristigen Widersinnigkeiten zu beseitigen.

Die Technik ist älter als der Kapitalismus. Der Kapitalismus ist älter als der moderne Industrialismus. Er ist vor dem Industrialismus vor allem als Handels- und Finanzkapitalismus nachweisbar und hat jene Kapitalakkumulationen ermöglicht, die der kapitalintensive Industrialismus zur Voraussetzung hatte. Beide, Industrialismus und Kapitalismus sind Sprößlinge des gleichen Geistes. Der vorindustrielle Kapitalismus und der Industriekapitalismus des 19. Jahrhundert unterscheiden sich wesentlich darin, daß jener die kapitalistischen Ansätze in Wirtschaftsordnungen entwickelte, in denen es zwar ökonomischen Individualismus gab, in denen aber der ökonomische Liberalismus selbst weder das Zentrum des Gesamtsystems war noch zu diesem erhoben wurde. Dies wurde erst im 19. Jahrhundert der Fall. So vollzieht sich im 19. Jahrhundert eine Entwicklung, die durch die einzigartige Konstellation von Industrialismus, freier kapitalistischer Verkehrswirtschaft (ökonomischen Liberalismus) und politischem Liberalismus charakterisiert war. Jedoch der damit zusammenhängende Liberalisierungsprozeß setzte sich im 19. Jahrhundert nicht im gleichen Umfange auf allen Gebieten, insbesondere aber nicht im Hinblick auf die materielle Demokratisierung, durch, wie dies hinsichtlich Kapitalismus und Industrialismus der Fall war. Dies brachte für das 19. Jahrhundert eine tiefgehende politische Unzufriedenheit mit sich, die in der politischen Unrast der Gegenwart als politischer Bewußtseinsrückstand bis heute noch nachwirkt.

§ 18 Die für die politische Entwicklung bedeutenden sozialpsychologischen Folgen des Industrialismus

Als die für das Wesen des Industrialismus bestimmenden Charakteristika haben wir 1. die Maschinenverwendung, 2. den Großbetrieb und 3. die extreme Arbeitsteilung bestimmt. Dazu kamen als weitere 4. der Abbau des mildernden Patriarchalismus in der Wirtschaft und 5. der Abbau der natürlichen Lebensgemeinschaften als Folge der Entfunktionalisierung (siehe § 17).

Die der menschlichen Arbeit das Tempo vorschreibende Maschine, die in Großbetrieben zu einer weitverzweigten Zusammenarbeit zusammengefaßte Massen unter Umständen sehr unterschiedlich qualifizierter Arbeiter mit sich brachte, bedingte als Folge der innerbetrieblichen und volkswirtschaftlichen Arbeitsteilung ein besonders hohes Maß von Interdependenz. Jeder ist von jedem abhängig geworden und wird dies in ständig zunehmenden Maße. Die Reste eigenwirtschaftlicher Selbstgenügsamkeit verschwinden. Je interdependenter aber eine Gesellschaft ist, um so größer wird die Notwendigkeit zur sozialen Disziplin. Diese Notwendigkeit der sozialen Disziplinierung ist in den hochindustriellen Wirtschaftsgesellschaften größer als in den vorindustriellen.

Anderseits aber verfügen die demokratischen Industriegesellschaften nicht mehr über die institutionellen Zwangssysteme wie die meisten Gesellschaften der vorindustriellen Zeit. Die Lockerung der institutionell gesicherten Zwangsdisziplin und deren Ablösung durch eine freiwillige soziale Disziplin infolge der politischen Demokratisierung einerseits sowie die Notwendigkeit zu erhöhter sozialer Disziplin anderseits als Folge der mit dem Industrialismus gewachsenen allgemeinen Interdependenz stehen nicht miteinander notwendig in Konflikt, sofern in diesen demokratischen Industriegesellschaften entweder die freiwillige Disziplin genügt oder die im Sinne der notwendigen sozialen Disziplin wirkenden indirekten wirtschaftlichen Stimulantien ausreichen.

Neben dieser Tendenz zur Disziplinierung infolge der mit dem Industrialismus erhöhten Interdependenz im betrieblichen wie auch volkswirtschaftlichen Ausmaße besteht vor allem, als Folge der mit dem Industrialismus verbundenen großräumigen und großbetrieblichen Verhältnisse, hier noch eine Tendenz zur Unübersichtlichkeit sowohl im Hinblick auf den Arbeitsraum als auch hinsichtlich der gesellschaftlichen Zusammenhänge. Ein Wesenszug jeder Produktionsweise besteht ja bekanntlich darin, daß sie sich in ihren Auswirkungen weit über die eigene Sphäre hinaus erstreckt. Die Entstehung unübersichtlicher Verhältnisse erstreckt sich vom Arbeitsplatz bis in die höchsten sozialen und politischen Zusammenhänge.

Die marktwirtschaftlichen Verhältnisse der freien Konkurrenzwirtschaft waren z. T. schon derart, daß sie die einzelnen aktiven Wirtschaftssubjekte in einem solchen Umfange zu ertragsrationalem, profitstrebigen Verhalten zwangen, daß ethische Überlegungen vielfach durch die drohende Gefahr des Verlustes der eigenen Wirtschaftsexistenz weitgehend automatisch ausgeschaltet wurden.

Die mit der fortschreitenden Industrialisierung sich in immer größerem Umfange einstellende Großbetrieblichkeit und Großräumigkeit wirkte weiterhin in dieser Richtung, die in zunehmendem Maße sittlich nicht mehr durchdringbare Verhältnisse schuf. Waren jedoch von diesen marktwirtschaftlichen Zwängen der Konkurrenzwirtschaft nur jene Gruppen betroffen, die als aktive Wirtschaftssubjekte in diese Marktbeziehungen verflochten waren, so ergaben sich im fortgeschrittenen Industrialismus in wachsendem Umfange sittlich undurchdringbare Verhältnisse nunmehr für alle, die irgendwie am Produktionsprozeß beteiligt waren. Dies ist aber heute in allen Industrieländern der Großteil der Bevölkerung überhaupt.

Der Arbeitsprozeß selbst wurde nun so weitgehend aufgeteilt und mechanisiert, daß der einzelne nur noch Funktionen verrichtete. Diese Funktionalisierung in den Betrieben brachte es mit sich, daß die Verantwortlichkeiten und Zuständigkeiten im einzelnen Falle nicht mehr klar abgegrenzt werden können. Der Arbeitsprozeß und der einzelne Arbeiter „entpersönlichte" sich. In ihm entstand eine latente Disposition, die es ihm ermöglichte, u. U. zum anonymen Roboter zu werden. Damit hängt nun jene Erscheinung zusammen, die heute in aller Munde ist: die Vermassung.

Es gibt zwei Formen der Vermassung, die beide zwar politische, jedoch hier eine unterschiedliche Bedeutung haben. Beide Erscheinungsformen der Vermassung sind gekennzeichnet durch die Abschwächung bzw. das Erlöschen des Verantwortungsbewußtseins oder des sittlichen Empfindens der einzelnen. Wir unterscheiden diese beiden Formen des Vermassungsphänomens am besten als temporäre, psychologische Vermassung und strukturelle, soziologische Vermassung.

Die psychologische Vermassung ist in jeder Gesellschaftsform möglich und für Situationen wie Revolution und Aufruhr oder auch dort geradezu typisch, wo vom einzelnen, der in eine Menge eingekeilt ist, von ihm in dieser ein bestimmtes Verhalten erwartet wird. Die psychologische Vermassung äußert sich in einer zeitweiligen Trübung der individuellen Verantwortlichkeit. Das Ich versteckt sich gleichsam hinter einem Kollektiv-Ich, das selbst keine Verantwortung kennt. Diese kollektive Verantwortungslosigkeit äußert sich unter Umständen in einer Neigung zu fürchterlichen Exzessen. Diese Neigung macht jedoch regelmäßig nach einer gewissen Zeit allmählich wieder der Ernüchterung Platz. Es handelt sich hierbei also um ein sozialpsychologisches Pluralitätsproblem, das in bestimmten Situationen in jeder Gesellschaftsform entstehen kann. Der Blutrausch der Carmagnole, des Tanzes um die Guillotine, ist dafür nicht das einzige, aber wohl das literarisch am meisten bekannte Beispiel[11].

Es ist nur aus der Weisheit menschlichen Urwissens um sich selbst zu verstehen, wenn in bestimmten, primitiven Gesellschaftsformationen die mannigfaltigen Formen des Exzesses in Kult, Tanz, Riten, Sitten und Gebräuchen institutionell legalisiert sind. Fasching und ähnliche Volksfeste mit Umzügen, Mummenschanz und der zeitweiligen Zulassung des außergewöhnlichen, sonst nicht erlaubten Verhaltens als normales Auftreten haben im Grund genommen die Funktion, durch Mitbeteiligung am erlaubten Exzeß die in jedem Menschen schlummernden latenten Exzeßmöglichkeiten zu entschärfen. Daß die totalen

---

[11] Vgl. die bei R. *Michels:* Zur Soziologie des Parteiwens in der modernen Demokratie, 2. Aufl., Leipzig 1925, S. 38, angegebene Literatur.

§ 18 Sozialpsychologische Folgen des Industrialismus

Staaten bei den hier üblichen Manifestationen dieses Mittel systematisch und in einem großen Umfange ebenfalls zu ihrem eigenen Nutzen zu gebrauchen verstehen, ist uns eine durchaus vertraute Erscheinung.

Von dieser psychologischen vorübergehenden Vermassungserscheinung ist die moderne strukturelle oder soziologische Vermassung zu unterscheiden. Sie ist ihrer Natur nach nicht zeitweilig, sondern eine strukturelle Gegebenheit, indem durch bestimmte Bedingungen des Arbeitsverlaufes und der Sozialstruktur eine bestimmte massenhafte Haltung als Habitus beim einzelnen entsteht und laufend reproduziert wird.

Betrachtungen über den Industrialismus können heute kaum mehr geführt werden, ohne daß in dem einen oder anderen Sinne der Begriff „Vermassung" auftaucht und deshalb behandelt werden muß. Der Begriff selbst ist jedoch so vieldeutig, daß er häufig wohl mehr zur Verdunkelung als zur Erhellung der hier auftauchenden Zusammenhänge, Verhältnisse und Probleme beiträgt.

Was ist also — so sehen wir uns deshalb gezwungen zu fragen — mit dem Begriff „Vermassung" eigentlich gemeint, welchen soziologisch-politischen Inhalt besitzt er, wobei nicht vergessen werden darf, daß es sich für uns in diesem Zusammenhang ausschließlich um die sogenannte soziologische Vermassung handelt, die nicht gelegentlicher, sondern struktureller Art ist bzw. sein soll. Auch J. A. Schumpeter hat ja vor der Doppelseitigkeit des Ausdrucks gewarnt: „Der deutsche Ausdruck „Massenpsychologie" ruft einer Warnung: Die Psychologie der Mengen darf nicht mit der Psychologie der Massen verwechselt werden..." (Kapitalismus, Sozialismus und Demokratie. 2. Aufl., München 1950, S. 408).

Was mit diesem terminus vielleicht wirklich gemeint ist, könnten wir — unter Loslösung von dem diesem Begriff leider von vornherein innewohnenden Werturteil — auch so ausdrücken, daß der Industrialismus einen bestimmten Menschentypus formte und formt, wie er gleichzeitig einen bestimmten Menschentypus im Hinblick auf seine Entstehung voraussetzte. Damit ist nun noch nichts über das Verhältnis ausgesagt, in dem diese beiden Typen zueinander stehen. Der die Voraussetzung der industriellen Entwicklung bildende europäische Typus war wesensmäßig ein Ergebnis des nachmittelalterlichen Freisetzungsprozesses (Säkularisation), der zwar schon eine Reihe von Wesenszügen an sich trägt, die später das Resultat des hochentwickelten Industrialismus werden, aber erst in den hochindustriellen Wirtschaftsgesellschaften uns allgemein begegnen.

Die Diskussion über diesen als Resultat der industriewirtschaftlichen Entwicklung auftretenden Menschentypus ihrerseits ist nur ein Unterteil der seit einigen Jahren besonders stark in Fluß gekommenen Diskussion um die „Technik" überhaupt[12].

Es geht hierbei letztlich um das seinem Wesen nach wohl metaphysische Problem der Konstanz bzw. Variabilität des menschlichen Charakters oder Wesens in der Geschichte überhaupt. Die Literatur über das Technik/Vermassungsproblem beginnt allmählich ganze Bibliotheken zu füllen, ohne daß es ihr bisher gelungen wäre, gültige Antworten zu geben. Es ist dies wohl auch nicht oder kaum möglich, weil es sich ja dabei um letzte und zumeist unausgesprochene Wertungen handelt, die ihrerseits ja unter dem die Gegenwart grundsätzlich bestimmenden Wertsubjektivismus zustande gekommen sind.

Führen wir die in den Diskussionen um die „Technik" ständig wiederkehrenden und gegen den Industrialismus gerichteten Argumente auf ihren eigentlichen Kern zurück, so werden vor allem zwei Positionen deutlich. Die eine behauptet, daß der Industrialismus mit dem als konstant erkannten bzw. postulierten menschlichen „Wesen" überhaupt auf lange Sicht nicht oder nur sehr schwer vereinbar sei, weil er gewisse soziale Notwendigkeiten, die für das in seinem Wesenskern konstante „Individuum und Verbandswesen" Mensch selbstverständlich und unabdingbar seien, ständig verletze, zersetze und außer acht lasse.

Die andere Position geht demgegenüber im wesentlichen von dem Bild des vorindustriellen Menschen, wie ihn die Geschichtsbetrachtung uns darbietet, aus und betont vor allem den ungeheuren kulturellen Abstieg, den der Industrialismus mit sich gebracht habe und auch weiterhin mit sich bringe. Daß es sich hierbei um eine Kritik handelt, die wesentlich von einem ästhetischen Gesichtspunkt aus erfolgt und dabei an die von verhältnismäßig kleinen sozialen Schichten der vorindustriellen Zeit getragene Repräsentativkultur denkt, erhellt vor allem daraus, daß sie wohl stets mit der Warnung vor einer „primitiven Sozialphilosophie" einhergeht, die geneigt sei, sich vor allem an dem vom Industrialismus geschaffenen bloßen äußeren Wohlstand zu berauschen. Anderseits hat gerade diese ästhetische Grundhaltung diese Art der Kritik von vornherein weitgehend zur Wirkungslosigkeit verurteilt.

Das negative Urteil über den Industrialismus basiert hier also auf dem wirklichen oder vermeintlichen Gegensatz, der zwischen den

---

[12] Um die Heterogenität der Betrachtungsweisen anzudeuten, verweisen wir auf folgende Neuerscheinungen: R. *Krämer-Badoni* in den „Frankfurter Heften" Dezember 1952. — H. *de Man:* Vermassung und Kulturverfall, 1951. — A. *Rüstow:* Kritik am technischen Fortschritt, Ordo-Jahrbuch 1951. — J. G. *Leithäuser:* Im Gruselkabinett der Technik. Der Monat 1951. Nr. 29.

Folgen des Industrialismus und den absolut gedachten menschlichen Wesenskonstanten überhaupt gesehen wird, oder auf dem Widerspruch, der zwischen dem Industrialismus und dem aus der Geschichtsbetrachtung gewonnenen Bild des vorindustriellen Menschen wirklich oder vermeintlich bestehe. Unbewußt wird freilich dieses Bild des vorindustriellen Menschen vielfach mit den sogenannten überzeitlichen Wesenskonstanten des Menschen entweder überhaupt gleichgesetzt oder eben doch nur als ein historisch variierter Sonderfall dieses konstanten Wesens angesehen.

Dabei wird nun aber vielfach übersehen, daß der vorindustrielle Menschentypus des europäischen Kulturkreises etwa aus der Zeit zwischen dem 16. und dem 18. Jahrhundert (also auch der des Barock!) die Voraussetzungen des heutigen Industrialismus weitgehend aus eigener innerer Notwendigkeit heraus schuf. Denn der moderne Industrialismus ist doch das Resultat des sich als „maître et possesseur de la nature" fühlenden Menschen (vgl. Descartes: Discours de la méthode, 1637. 6. Kap.), dessen allumfassende Dynamik z. B. von dem großen utopischen Träumer Campanella in seiner „Civitas Solis" fast gleichzeitig prophetisch vorausgesehen wurde, wenn er gegen Ende seines Sonnenstaates schreibt: „Oh, wenn Ihr doch wüßtet, was die Astrologen über das kommende Zeitalter aussagen, das in hundert Jahren mehr an Geschichte in sich bergen wird als die ganze Welt in den vergangenen viertausend Jahren!" Ja, auch hier meinte die „Utopie" des siebzehnten nur die soziale Wirklichkeit des 19. und 20. Jahrhunderts!

Daß nun diese Produktionsweise, die wir in idealtypisierender Weise „Industrialismus" nennen (ohne dabei in magisch-mystischen Begriffsanimismus bzw. -realismus zu verfallen), doch nicht so ganz in einem grundsätzlichen Widerspruch zu dem stehen kann, was als die „Konstanten des menschlichen Wesens" bezeichnet wird, scheint uns deshalb naheliegend, weil sich ständig Kulturkreise der Erde, die weder innerlich noch historisch mit dem Industrialismus und seinen Voraussetzungen etwas zu tun haben, aufmachen, die Maschine, den Industrialismus und die damit verbundene Kultur zu rezipieren. Und zwar geschieht dies trotz der jeweils beachtlichen Anlaufsschwierigkeiten vor allem in sozialer und politischer Hinsicht doch wiederum mit einer gewissen Leichtigkeit, wenn man den wirklichen Tiefgang dieser Umstellung und Umwälzung dort sich einmal zu vergegenwärtigen sucht. Handelt es sich doch dabei um Kulturkreise und ihnen kongruente Menschentypen, die nicht wie der europäische Mensch aus einer inneren wesensmäßigen Disposition heraus die moderne Technik entwickelt haben bzw. entwickeln mußten.

Ob freilich diese Rezeption des Industrialismus hier nun auch unter den im europäisch-amerikanischen Kulturkreis damit verbundenen Wirtschaftsordnungen sich vollziehen muß bzw. wird, ist eine ganz andere Frage, scheint uns jedenfalls fraglich und bis zu einem gewissen Grade sogar unwahrscheinlich. Von sozialen wie auch von politischen Erwägungen aus wäre für diese Länder jedenfalls zu hoffen, daß ihnen die uns vertrauten Erscheinungen eines ungezügelten liberalen Wirtschaftskapitalismus sowie die mit der sogenannten ursprünglichen Akkumulation zumeist verbundenen Erscheinungen, wie sie vor allem in der Sowjetunion deutlich wurden, erspart bleiben möchten.

Fassen wir zusammen:

Es scheint uns also höchst problematisch, einen solchen grundsätzlichen Gegensatz zwischen dem menschlichen Wesen bzw. dem vorindustriellen europäischen Menschentypus einerseits und dem Industrialismus anderseits erkennen bzw. aufrichten zu wollen.

Bei aller Anerkennung der bisher bestehenden Problematik und des Verdienstes der Industrialismuskritik, auf sie deutlich hingewiesen zu haben, darf doch nicht übersehen werden, daß diese Art der Kulturkritik am Industrialismus doch nicht nur diese Probleme aufgezeigt hat, sondern auch wesentlich dazu mit beitrug und auch weiterhin beiträgt, den Menschen in einen bewußten Gegensatz zum Industrialismus hineinzutreiben. Nun hat diese Art der Kulturkritik am Industrialismus zwar verhältnismäßig wenig Einfluß in den Vereinigten Staaten von Nordamerika gehabt, während sie in Europa und hier wiederum vor allem in Deutschland, auf Grund einer hier vorhandenen und wacheren historischen Tradition zum Teil tiefen Einfluß hatte und noch hat. Sicherlich ist es auch begrüßenswert, wenn der Mensch sich in eine gewisse skeptische Distanz zu seiner heute überwiegend technisch bestimmten sozialen Umwellt stellt. Es darf jedoch — was ebenso leicht und oft geschah — nicht vergessen werden, daß der bloß retrospektive, romantische Protest gegen den Industrialismus und die Technik, falls er in die Praxis umgesetzt würde, notwendigerweise dazu führen müßte, die Hälfte der heute von dieser Produktion lebenden Menschen einfach verhungern zu lassen und die andere Hälfte auf ein Niveau der Lebenshaltung zurückzwingen würde, das nach heutigen Durchschnittsbegriffen einfach als unerträglich empfunden werden würde.

Es kann sich also gar nicht darum handeln, den Industrialismus als solchen über Bord zu werfen (von ihm abzugehen), sondern höchstens darum, das bisherige bzw. heutige Verhältnis des Menschen zu ihm einer Kritik zu unterziehen. Dies hat R. M. Rilke intuitiv klarer gesehen als eine Reihe soziologisch besser geschulter Industrialismuskritiker. (Vgl. Duineser Elegien: 9. Sonette an Orpheus: 1. Teil 19, 22, 23.) Vor allem ist aber die zweifellos vorhandene und auch sehr ernste Problematik des Industrialismus und der Technik, auf die wir uns hier beziehen, vielfach geradezu verabsolutiert worden, indem Technik und Industrialismus mit dem „menschlichen Wesen" schlechthin kontrastiert wurden. Dabei muß es doch so erscheinen, als handele es sich bisher schon um endgültige Resultate des Industrialismus und nicht etwa um Übergangsformen und -erscheinungen der „industriellen Revolution", in deren Kinderschuhen die Welt vielleicht (und wahrscheinlich) erst noch steht.

Nun haben in der Geschichte die ihrerseits sowohl geographisch-lokal als auch historisch-kulturell bestimmten Sozialformationen stets bestimmte und jeweils nur ihnen adäquate Menschentypen geformt und zustande gebracht. Ja, selbst in viel kürzerer Sicht haben bestimmte Epochen, Geistesströmungen und Bewegungen, sogar gewisse, manchmal nur ephemere politische Ereignisse einen bestimmten Menschentypus geschaffen, der ihnen wesensverwandt manchmal geradezu kongruent war. Damit wären dann auch die hierher gehörenden Erscheinungen des Industrialismus bzw. der technischen Umgestaltung im Weltmaßstab nur Sonderfälle einer an sich gesellschaftlich allgemeinen Erscheinung, die sich in jeder Gesellschaftsformation bisher wiederholt hat und auch weiterhin wiederholen wird. Dennoch scheint es uns, daß diese Art der Betrachtung leicht wiederum dazu führen kann, die tatsächlichen soziologischen und sozialpsychologischen Folgen des Industrialismus in ihrem Ausmaß zu verniedlichen. Diese Haltung kann so wohl als eine korrigierende Reaktion gegen eine unkritische Überbetonung dieser Folgen des Industrialismus durchaus berechtigt sein, gilt aber dann eben auch nur in dieser speziellen Richtung.

In etwas anderem Lichte muß jedoch die in sich wiederum recht vielschichtige Problematik des Industrialismus erscheinen, wenn wir diesen in all seinen Folgen als derart tiefgehend ansehen, daß wir den Industrialismus bzw. die Industrialisierung als eine der ganz großen Kulturzäsuren in der Geschichte der Menschheit überhaupt werten, wie dies z. B. Arnold Gehlen tut. Gehlen sieht nach der Seßhaftwerdung der Menschen in grauer Vorzeit, als der ersten großen Kulturzäsur, den Einbruch des Industrialismus als die zweite große Kulturzäsur in der Geschichte der Menschheit (und unsere Gegenwart als noch in den Kinderschuhen dieser Entwicklung stehend) an[13].

---

[13] A. *Gehlen:* Sozialpsychologische Probleme in der industriellen Gesellschaft. Tübingen 1949.

Es erscheint uns dabei von untergeordneter Bedeutung zu sein, ob wir Gehlens Kulturtheorie und die hier angeführte Anzahl der Kulturzäsuren bejahen. Dies kann als eine Ermessensfrage angesehen werden, über die sich streiten läßt. Aber der Vergleich als solcher scheint uns wichtig, um den Tiefgang der mit dem Industrialismus eingetretenen Umwälzung auf allen Gebieten zu illustrieren. Man denke dabei nur an eines: an das Verhältnis des Menschen zum Raume und an die seit Anbeginn der Welt bis in das Jahrzehnt nach Goethes Tode ihm ausschließlich und an alle die ihm nachher zur Verfügung stehenden Mittel der Fortbewegung. Zweifellos spricht viel für diesen Vergleich, wenn wir all die Argumente und Charakteristiken über das Wesen des Industrialismus uns einmal gesammelt vor Augen halten. Aber wissenschaftlich ist diese These natürlich nicht bzw. heute noch nicht beweisbar, nachdem der historische Abstand zu dem Durchbruch des Industrialismus noch viel zu gering ist. Obgleich in den Diskussionen und Abhandlungen über Technik und Industrialismus sowie über die sie begleitenden Vermassungserscheinungen ein ungeheueres Material an einzelnen Eindrücken, Beobachtungen und Aspekten angesammelt worden ist, so ist doch die Aufgabe, sozialwissenschaftlich ein geschlossenes Fazit zu ziehen, bisher ungelöst und muß, wenn sie überhaupt lösbar sein soll, aus Gründen der historischen Perspektive dies wahrscheinlich noch für längere Zeit bleiben. Es sind — man gestatte uns diesen Vergleich — zwar bis heute eine Menge einzelner Bestandsaufnahmen gemacht worden, es fehlt aber noch eine konsolidierte soziologische Gesamtbilanz des Industrialismus.

Dennoch wollen wir einmal, ohne die mit subjektiven Geschmacksurteilen zumeist verquickten Wertungen des Industrialismus und seiner sozialpsychologischen Folgen unbesehen zu übernehmen oder abzulehnen (weil wir damit den Rahmen einer wissenschaftlichen Abhandlung überschreiten würden), das Verhältnis einer demokratisch politischen Struktur einer modernen Industriegesellschaft zum Industrialismus als deren Produktionsweise kurz zu bestimmen versuchen. Damit sind wir wieder in die Nähe unseres eigentlichen Themas gerückt. Wenn wir nunmehr nach den voraufgehenden Ausführungen den Begriff „Vermassung" als Sammelbegriff gebrauchen, so ist damit eine gewisse Distanz zu der heute Sitte (wohl besser Unsitte) gewordenen, völlig unqualifizierten Verwendung des Vermassungsbegriffes gegeben.

Das Auffallendste dabei ist, daß die unter dem Sammelbegriff „Vermassung" gemeinten Folgen des Industrialismus für die politische Struktur der Demokratie und für die demokratische Staatsform keine einheitliche Wirkung besitzen. Die in diesem Sammelbegriff enthaltenen Erscheinungen sind voneinander so verschieden und tatsächlich so vielschichtig, daß man schon den Begriff in seine Hauptbestandteile zerlegen muß, um deren Wirkung und Eigenart im einzelnen sowie im Hinblick auf bestimmte Seiten des sozialen Lebens verfolgen zu können.

Diese „Vermassung" besteht nun zu einem wesentlichen Teil in den Folgen der zugenommenen und zunehmenden Produktivität der großbetrieblichen, arbeitsteiligen und technisch betriebenen Produktion (= Industrialismus). Die damit verbundene allgemeine Zunahme der Wohlstandsrate hat eine beachtliche Hebung der Lebenshaltung vor allem der unteren sozialen Schichten zuwege gebracht. Gleichzeitig war diese Entwicklung von einer anderen begleitet, die in einem ungefähr gleichen Sinne verlief, indem in den oberen sozialen Schichten besonders jene auf bloßen Geburts- und Standesprivilegien beruhenden Quellen des Einkommens versiegten oder zumindest in ihrer verhältnismäßigen Bedeutung zu den Einkommen aus Arbeit in den anderen Schichten zurücktraten. Die Hebung des Realeinkommens von unten als Folge der allgemeinen Wohlstandszunahme und die gleichzeitige Abplattung der Einkommenspyramide von oben haben tatsächlich eine Annäherung in der Lebenshaltung und eine Angleichung in den Lebensgewohnheiten bei den verschiedenen sozialen Schichten mit sich gebracht, die noch vor hundert Jahren als einfach unwahrscheinlich angesehen worden wären. Damit wird nun nicht behauptet, daß diese Angleichung eindeutig und positiv im Sinne eines allgemeinen und extremen Egalitarismus verlaufen sei oder in Zukunft verlaufen müsse. Dennoch bedeutet sie, auf lange Sicht gesehen, doch die Einebnung allzu großer Gegensätze in der materiellen Lebenshaltung der Bürger eines Landes.

Nun ist für eine Demokratie kaum die Tatsache von Einkommensunterschieden und den daraus sich ergebenden Unterschieden in der Lebenshaltung und den Lebensgewohnheiten an sich bedenklich. Bedenklich sind bzw. werden derartige Gegensätze erst dann, wenn die untere Basis der Lebenshaltung besonders tief oder verhältnismäßig nahe dem physischen Existenzminimum liegt. In diesem Sinne hat nun die durch den Industrialismus eingetretene allgemeine Wohlstandssteigerung durchaus in der Richtung und zugunsten einer allgemeinen politischen Demokratisierung dadurch gewirkt, daß sie den Prozeß einer gewissen Vereinheitlichung der Lebensgewohnheiten und der materiellen Lebenshaltung produktionsmäßig überhaupt erst ermöglichte. Damit wurde eine der wichtigsten materiellen Voraussetzungen für den politischen Demokratisierungsprozeß überhaupt geschaffen. Das Musterbeispiel für diese Tendenz sind die Vereinigten Staaten von Nordamerika. (Wir verweisen für diese Zusammenhänge besonders auf F. M. Stern: Capitalism in America, A Classless Society,

New York 1950/51). Diese verhältnismäßige Homogenisierung der Gesellschaft in materieller Hinsicht ist u. E. durchaus günstig für die Herausbildung eines größeren, gerade in den Demokratien erforderlichen politischen consensus, einer verhältnismäßig umfassenden communis opinio oder — um mit Rousseau zu sprechen — der volonté générale.

Dieser für die Demokratie an sich günstigen Seite der Vermassung steht nun aber auch eine ungünstige gegenüber. Im allgemeinen geben uns die Vermassungstheoretiker auf die Frage nach der in politischer Hinsicht wohl negativsten Seite dieses Phänomens ungefähr folgende Antwort: Vermassung bedeute die Verkümmerung der Individuen in ihrer Individualität. Ohne Individualität aber gebe es keine Staatsbürger und kein bürgerliches (im Sinne des „citoyen", nicht des „bourgeois") Verhältnis zu Staat und Gesellschaft. Ohne diese aber sei eine politische Demokratie auf längere Sicht einfach undenkbar, da ihr damit die Atmosphäre verlorengehe, in der sie auf die Dauer allein zu atmen in der Lage sei. So wird hier vielfach eine an den Individuen als Folge der Industrialisierung wirklich oder vermeintlich eingetretene bzw. eintretende Umwandlung als mit der politischen Demokratie unvereinbar hingestellt. Jedoch gerade hier liegt auch eine Verwechselung der Folgen mit den Ursachen besonders nahe.

Natürlich hat sich der Industrialismus seinen Menschentypus geschaffen und fährt fort, dies auch weiterhin zu tun. Die politische Demokratie, als die einzige Form einer Integration im Staate über die Zustimmung und Freiwilligkeit des einzelnen, wird — wie wir schon sahen — durch die materiellen Voraussetzungen, die der Industrialismus schuf, und durch den damit verwandten menschlichen Habitus eher begünstigt als in einem ungünstigen Sinne beeinflußt. Nur hat — und dies gehört zu den bisher tatsächlich völlig ungelösten inneren Widersprüchen des Industrialismus — der Industrialismus gleichzeitig in einem solchen Ausmaße vom einzelnen her überblickbare, sittlich durchdringbare und so auch vom einzelnen her lenkbare gesellschaftliche Verhältnisse infolge der ihm innewohnenden Konzentrations- und Zentralisationstendenzen durch solche ersetzt, die dies nicht sind, so daß der mit dem Willen zu politischer Selbststeuerung und Selbstbestimmung ausgestattete und danach selbst ernsthaft strebende individuelle Staatsbürger gegenüber seiner sozialen Umwelt häufig geradezu ratlos wird.

Das Ausmaß dieser Konzentration und Zentralisierung steht in einem Zusammenhang mit dem Ausmaß an Arbeitsteilung und Interdependenz, die eine entwickelte Industriewirtschaft zunächst in der Sphäre der Wirtschaft am unmittelbarsten bedingt, darüber hinaus aber auf gesamtgesellschaftlicher Ebene auch auf den der Wirtschaft nur mittelbar verwandten Gebieten zustande kommen läßt und dort begünstigt. Hier gilt es nun klar zu unterscheiden zwischen dem für den Industrialismus unbedingt notwendigen Maß von Konzentration und Zentralisation in der Wirtschaft selbst und jenen Gebieten der Gesellschaft, wo derartige Konzentrationen in der Wirtschaft gleichsam Gewohnheit geworden sind, jedoch nicht bzw. nicht mehr aus der Natur des Produktionsprozesses bedingt sind. Es gibt Wirtschaftszweige, die schon aus der Natur der von ihnen verrichteten Produktionsprozesse primär, selbst ohne Anwendung der modernen Technik auf große Betriebseinheiten eingestellt sind und so schon zu Zeiten des Handwerks über den handwerklichen Betrieb der Größe nach hinausgingen (z. B. Berg- und Schiffsbau). Die Zahl dieser naturnotwendig konzentrierten Produktionsformen ist nun infolge des Industrialismus zwar gewachsen, doch ist ihre Zahl keineswegs so groß wie die heute vorhandenen wirtschaftlichen Betriebskonzentrationen. Daneben aber gibt es noch heute in allen Industrieländern ganze Wirtschaftszweige, wo diese Struktur zwar durchaus noch besteht, weil einst zu jener Zeit, als die Dampfmaschine die hauptsächlichste Kraftquelle der Betriebe war, eine bestimmte Größe des Betriebes für die wirtschaftliche Verwendung dieser Kraftquelle technisch erforderlich war.

Von besonderer Bedeutung sind jedoch für die von uns hier erörterten Zusammenhänge jene zwar mit der industriewirtschaftlichen Interdependenz parallel verbundenen, aber mit den heute in der Industrie vorherrschenden technischen und wirtschaftlichen Bedingungen durchaus nicht mehr direkt zusammenhängenden, abgeleiteten Konzentrationen städtischer und politischer Art (vgl. Baker Brownell: The Human Community, New York 1950). Auf die hierher gehörigen politisch relevanten Zusammenhänge hat die katholische Soziallehre mit ihrem sogenannten „Subsidiaritätsprinzip" vor allem hingewiesen. Dieses Subsidiaritätsprinzip ist mit den Worten der Enzyklika „Quadragesimo Anno" vom Jahre 1931 (siehe Textziffer 79) jener „hochwichtige, unerschütterliche und unveränderliche Grundsatz: wie das, was von den einzelnen Menschen mit eigener Kraft und durch eigene Tätigkeit vollbracht werden kann, ihnen nicht entzogen und der Gemeinschaft übertragen werden darf, so ist es eine Ungerechtigkeit und zugleich eine schwere Schädigung und Störung der richtigen Ordnung, das, was von den kleineren und untergeordneten Gemeinschaften ausgeführt und geleistet werden kann, für die höhere und übergeordnete Gesellschaft in Anspruch zu nehmen." Die Beziehungen zwischen individueller Freiheit und gesamtgesellschaftlicher Konzentration erstmals und deutlich gesehen und gegenüber den „Staatssozialisten" marxscher Provenienz betont zu haben, ist eines der großen Verdienste des

Anarchismus und der von ihm beeinflußten funktionalistischen, syndikalistischen und gildensozialistischen Richtungen[14].

Hier halten wir nun eine Erweiterung und Ausrichtung der politischen und wirtschafts- sowie sozialpolitischen Aspekte für notwendig, die bewußt auch die hier vorliegenden Dezentralisationsaufgaben in Angriff zu nehmen bereit ist. Die modernen Konzentrationserscheinungen dort anzugreifen, wo sie aus der Natur des industriewirtschaftlichen Produktionsprozesses heraus notwendig und unabdingbar sind, halten wir natürlich für wenig aussichtsreich. Sie aber dort abzubauen, wo sie sich nur aus bestimmten historischen Entwicklungen bzw. Fehlentwicklungen ergeben haben und ohne direkte Sachnotwendigkeit sich als bloße Parallelerscheinungen zur Wirtschaft in der Sphäre der sozialen und politischen Einrichtungen eingestellt, eingeschlichen und erhalten haben, scheint uns eine der wichtigsten gesellschaftspolitischen Aufgaben der Gegenwart und der nahen Zukunft zu sein. Hier können bedeutende Glieder aus dem materiellen Netzwerk der modernen „Vermassung" herausgebrochen werden, ohne mit wirtschaftlich-technischen Sachnotwendigkeiten in Konflikt zu geraten, womit gleichzeitig die Fundamente einer politisch demokratischen Selbststeuerung in der Gesellschaft gestärkt und unterbaut werden können.

---

[14] Wir verweisen für diese Zusammenhänge auf: Martin *Buber:* Pfade in Utopia, Heidelberg 1950; vom *Verfasser:* Abhandlung „Gildensozialismus" im Hdw d Sw.; mit Vorsicht ist ferner eine hierhergehörende Arbeit von K. A. Wittfogel zu verwenden: Theoretischer Ketzereien, erschienen in „Ost-Probleme", 6. Jg., Nr. 4, 1954, S. 138 ff. (Übersetzung einer in „The Review of Politics", Notre Dame, Ind., USA., ursprünglich veröffentlichten Arbeit).

Fünftes Kapitel

Der Sieg über das Laisser faire

§ 19 Die liberale Verkehrswirtschaft und die Gleichheit der Marktkontrahenten

Das Kernstück des ökonomischen Liberalismus war der Autoharmonieglaube. Wir haben schon verschiedentlich festgestellt, daß der ökonomische Liberalismus gesamtgesellschaftlich deshalb nicht befriedigend wirken konnte, weil er von der Botschaft des politischen Liberalismus begleitet war, die in ihren Intentionen auf etwas mehr als nur eine formale Demokratisierung ausging. Mit der formalen Demokratisierung geht Hand in Hand ein Zug auf eine größere materielle Gleichheit der Wirtschaftskontrahenten. Die freie Verkehrswirtschaft hatte mit den ihr eigenen strukturellen Unterschieden zwischen den Wirtschaftskontrahenten keineswegs gleiche Ausgangsbedingungen für diese geschaffen. Die strukturellen Benachteiligungen, die im Gefolge der freien konkurrenzwirtschaftlichen Beziehungen im 19. Jahrhundert Wirklichkeit wurden, bedingten die mannigfachen Eingriffe, die den Mechanismus der freien marktwirtschaftlichen Beziehungen veränderten und von denen wir als dem Netzwerk der Bändigung sprechen.

Immer wieder hat die klassische ökonomische Theorie den Anschein erweckt, als ob das bloße Spiel von Angebot und Nachfrage auch Gleichgewichtigkeit der Wirtschaftskontrahenten bedeute und als ob dieses Spiel zwischen gleich starken und gleich beweglichen Marktkontrahenten stattfinde. Daß dies nicht so war, war z. B. Ricardo in seinem berühmten Kapitel „On Machinery" schon vollkommen klar, dessen Veröffentlichung sein Schüler und Herausgeber McCulloch deshalb auch als das ganze System störend empfunden hat.

Auch der weniger bedeutende Tatbestand vorübergehender Ungleichgewichtigkeit der Marktkontrahenten war Ricardo besonders im Hinblick auf die Entwicklung der Konsumgüterpreise während der napoleonischen Kontinentalsperre klar geworden. Hier müssen — wie uns dies unsere eigenen Erfahrungen aus der Zeit vor der Währungsreform bestätigen — bei einseitiger Verknappung eines Angebots und verhältnismäßig unelastischer Nachfrage gerade bei freien marktwirtschaftlichen Beziehungen von selbst Monopolsituationen entstehen, die für die eine Seite eine Begünstigung, für die andere Seite der Marktkontrahenten eine Benachteiligung darstellen. Auch sind uns andere Beispiele geläufig, wo bei sonst gleichen Bedingungen z. B. zwei Anbietende auf Grund der unterschiedlichen Natur und Lagerfähigkeit ihres Angebots oder infolge ihrer Liquiditätslage und der damit verbundenen unterschiedlichen Dringlichkeit ihres Angebots unter durchaus ungleichen Bedingungen stehen. Derart gelegentliche Handicaps, die immer in der Wirtschaft unvermeidlich sind, störten zwar das autoharmonistische Bild der freien Konkurrenzwirtschaft etwas, sind jedoch ihrerseits als Ausnahme- oder Sondersituationen nicht als so schwerwiegend anzusehen, daß sie das Harmonieaxiom der freien Verkehrswirtschaft völlig widerlegten. Denn sie sind nur unter bestimmten Bedingungen, z. B. extremen Mangelsituationen, und unter bestimmten Voraussetzungen für einzelne Marktkontrahenten wirksam.

Anders verhält es sich jedoch mit den strukturellen Handicaps, die im liberalen Industriekapitalismus im 19. Jahrhundert langfristig und für ganze Schichten wirksam wurden. Bei freien marktwirtschaftlichen Beziehungen kann z. B. das Angebot von Arbeitskraft nicht mit irgendwelchen anderen Warenangeboten einfach gleichgesetzt werden, weil unter den im 19. Jahrhundert obwaltenden sozialen Bedingungen hinter diesem Angebot von Arbeitskraft eine unelastische Nachfrage stand, die sich als „Angebotszwang" auswirkte.

Es kann nicht stark genug betont werden, daß unter den gleichzeitig mit dem ökonomischen Liberalismus verbundenen und sich ausbreitenden demokratischen Idealen (in der uns bekannten Doppelform) eine Wirtschaftsordnung kaum befriedigend wirken konnte, die auf eine langfristig wirksame strukturelle Minderausstattung ganzer Schichten hinauslief und diese daran hinderte, sich mit anderen Schichten unter gleichen wirtschaftlichen und sozialen Bedingungen auf dem Markte in ihrer Wirtschaftskraft, in ihrer Stärke als Marktkontrahenten, zu treffen.

Der Marktwirtschaft des 19. Jahrhunderts blieben zwei Wege offen: der eine hätte mit Sicherheit in die politische Katastrophe geführt, wenn die Erfahrung der strukturellen Deprivilegierung die davon betroffenen Schichten nämlich dazu geführt hätte, auch mit dem politischen System zu brechen, das mit dem ökonomischen Liberalismus verbunden auftrat. Der andere Weg war der: aus der Idealstellung des politischen Liberalismus für den damaligen ökonomischen Liberalismus, d. h. für das Gebiet der Wirtschaft und die materielle Ausstattung der Wirtschaftskontrahenten, bestimmte Konsequenzen zu ziehen (vgl. § 14).

Diese bestanden nun in einer Reform der Wirtschaftsordnung, die mannigfache Korrekturen und Kompensationen auf institutionellem und organisatorischem Wege als Gegengewicht gegen die strukturellen Handicaps einführte.

Der Industriekapitalismus des 19. Jahrhunderts bzw. die geschichtliche Entwicklung wählte also den zweiten Weg der Reform der Wirtschaftsordnung und ersparte sich dadurch eine politische Katastrophe, die noch um die Jahrhundertwende vielen unabwendbar erschien[15]. Auf diese politische Katastrophe hatte auch der orthodoxe, am „Kommunistischen Manifest" orientierte, klassische Sozialismus vergeblich gewartet und hingearbeitet. Diesen Prozeß der Reformen und Korrekturen an der Wirtschaftsordnung nennen wir die Bändigung des Industriekapitalismus, der wir in ihren einzelnen Elementen im folgenden Paragraphen nachgehen müssen.

Zuvor jedoch noch eine kurze grundsätzliche Bemerkung. Die gegen den Bändigungsprozeß heute von verschiedenen Seiten gemachten schweren Vorwürfe sind in einem gewissen Umfange „ex post" durchaus berechtigt. Sie dürfen jedoch nicht über die Tatsache hinwegtäuschen, daß der Prozeß der Bändigung politisch und sozial integrierend gewirkt hat, d. h. den wirtschaftsindividualistischen Industriekapitalismus des 19. Jahrhunderts vor der politischen Katastrophe bewahrt hat. Weiterhin darf nicht übersehen werden, daß strukturelle Handicaps nicht durch wirtschaftspolitische Maßnahmen sogenannter „marktkonformer" Art beseitigt oder auch nur entscheidend gemildert werden können.

§ 20 Die Bändigung der freien Verkehrswirtschaft

Wenn wir in unserer Darstellung so verfahren, daß wir zwischen die Verkehrswirtschaft des 19. Jahrhunderts und die heutige Industriewirtschaft den Prozeß der Bändigung des Industriekapitalismus stellen, so muß dabei daran erinnert werden, daß es sich hier um eine Darstellungsweise handelt. Dies ist eine idealtypisierende Vereinfachung, ohne die jedoch eine auf die inneren Sinnzusammenhänge abgestellte Betrachtungsweise nicht auskommt. Einer derartigen Darstellung kommt es weniger auf eine historisch getreue, chronologisch genetische Darstellung an, sondern auf eine Skizzierung der logischen Sinn- und Sachzusammenhänge und ihrer Bedeutung. Ähnlich wie mit der sogenannten „industriellen Revolution" verhält es sich mit dem „Bändigungsprozeß", der für verschiedene Länder zu recht unterschiedlichen Zeitpunkten anzusetzen ist und den wir hier als ein aus verschiedenen Elementen bestehendes Netzwerk nicht jedoch in seiner historischen Entstehung zur Darstellung bringen.

---

[15] Vgl. G. *Hauptmann:* Der Narr in Christo Emanuel Quint. Berlin 1924 (1910), 26. Kap. (am Anfang).

Ihrer Bedeutung nach setzen sich die Elemente der Bändigung aus wirtschaftsimmanenten und wirtschaftstranszendenten Elementen zusammen. Als wirtschaftsimmanente Bändigungselemente bezeichnen wir jene, die aus wirtschaftlichen bzw. wirtschaftlich begründeten sozialen Notwendigkeiten sich ergaben. Als die wirtschaftstranszendenten Bändigungselemente fassen wir die zusammen, die ihrer Entstehung nach als auch inhaltlich von außerhalb der Wirtschaft her bestimmt waren. Zu ihnen gehören vor allem jene die freie Verkehrswirtschaft in ihrer Freiheit und autonomen Unabhängigkeit beeinträchtigenden Elemente, die rein politischer Natur sind bzw. waren. Hier sind an erster Stelle die außenpolitisch bedingten zu erwähnen, die mit den beiden Weltkriegen bzw. den damit verbundenen Vorbereitungen zusammenhängen, und die eine ungeheure Ausweitung des staatlichen Einflußbereiches mit sich brachten. Es ist geradezu eine empirisch feststellbare Gesetzmäßigkeit, daß im Laufe der jüngst vergangenen vier Jahrzehnte diese außenpolitisch begründeten wirtschaftstranzendenten Einflüsse in ständiger Zunahme begriffen waren.

Sie haben in dieser Zeit die wirtschaftliche Entwicklung nicht nur beeinflußt, sondern vielfach geradezu bestimmt und beherrscht. Neben diesen außenpolitisch begründeten wirtschaftstranszendenten Bestimmungsdaten haben dann vor allem in der Zwischenkriegszeit die außenwirtschaftlich bedingten eine bedeutende Rolle gespielt. Man denke hierbei nur an die Tendenzen zu einer Autarkie der einzelnen Volkswirtschaftskörper. Außerdem sind noch die innenpolitisch begründeten Daten zu erwähnen, welche die Wirtschaft unter bestimmten politischen Zielsetzungen, Ordnungsbildern und Ideologien für sich einspannten und sie diesen Zielsetzungen unterwarfen. Sie lassen sich in der politischen Geschichte der letzten Jahrzehnte vielfach gar nicht mehr scharf von den wirtschaftstranszendenten Bestimmungsdaten außenpolitischer Art trennen. Die verschiedenen Gruppen stehen miteinander vielfach in einer engen Wechselbeziehung, wobei innenpolitische Maßnahmen außenwirtschaftliche erleichtern und beide außenpolitische Zielsetzungen unterbauen sollten oder, wo sich z. B. eine bestimmte außenpolitische Haltung als Funktion korrespondierender innenpolitischer Ideologiekomplexe und politischer Wirklichkeiten ergab.

Zwischen den wirtschaftstranszendenten und wirtschaftsimmanenten Bestimmungsdaten der Bändigung stehen die außenwirtschaftlichen. Sie gehören zu den frühesten Elementen des die freie Verkehrswirtschaft bändigenden bzw. beschränkenden Interventionismus, der zunächst in der Form der Erziehungszölle in den jüngeren Industrieländern Anwendung fand. Später besonders in der Zwischenkriegszeit nahm dieser Interventionismus vielfach ganz deutlich wirtschaftsimperialistische und außenpolitisch bestimmte Wesenszüge an, die sich über Subventionen und Protektionen hinaus bis zu dem außenpolitisch begründeten Streben nach wirtschaftlicher Vollautarkie erstreckten und so in Richtung des weltwirtschaftlichen Strukturwandels vom Multi- zum Bilateralismus wirkten und durch bestimmte Erscheinungen auf dem Gebiet des Geldwesens verstärkt wurden.

Was die binnenwirtschaftliche Struktur der einzelnen industriellen Volkswirtschaften betrifft, so erstreckten sich die eben genannten wirtschaftstranszendenten, interventionistischen Maßnahmen vor allem sowohl auf die Produktion als auch auf die Verteilung (Rationierung und Preisstop). In der Produktion haben sie die Manipulierung des Geldwesens und der Kreditpolitik in einem wirtschaftsaktivierenden und planenden Sinne sowie den wirtschaftsaktiven Einsatz der Finanzwirtschaft der öffentlichen Hand zur Folge gehabt. Zusammen mit den im Sektor der Verteilung auftretenden Kaufkraftüberhängen und den kriegsbedingten Vermögenszerstörungen ergab sich in den meisten Ländern daraus eine Tendenz zur zunehmenden Staatsverschuldung und manchmal auch zur Inflationierung der Währung.

Es sollte sich erübrigen, zu betonen, daß die wirtschaftstranszendente Wirtschaftslenkung und Kommandowirtschaft zumeist aber auch gar nichts mit echter wirtschaftsimmanenter Planung, Lenkung oder Steuerung zu tun hat. Gleichzeitig aber ist darauf hinzuweisen, daß solche Planung, die unter den räumlichen Voraussetzungen des Industrialismus nur großräumig sinnvoll sein kann, solange aber nicht zustandekommen konnte, solange die nationalstaatliche Struktur im Stile früherer Jahrhunderte in diesem Jahrhundert weiter bestehen blieb und die europäischen Staaten sich ständig gegenseitig bedroht fühlten oder bedrohten. Nationalstaatliche Planung in der Zwischenkriegszeit war im wesentlichen eine Planung und Ordnung der Wirtschaft gegeneinander.

Die wirtschaftsimmanenten Elemente der Bändigung zerfallen ihrem Ursprung nach in jene Gruppe, die organisatorisch durch Zusammenschluß der Wirtschaftskontrahenten „wirtschaftsendogen" entstanden. Jene, die ihr Entstehen einer gesetzlichen Verfügung des Staates verdanken, bezeichnen wir als „wirtschaftsexogen". Zwischen beiden, der wirtschaftsendogenen und der wirtschatfsexogenen Gruppe, stehen jene aus der Selbsthilfe der Wirtschaftskontrahenten hervorgegangenen Organisationen, die vom Staat nicht nur negativ geregelt, sondern positiv anerkannt und geordnet, d. h. „institutionalisiert" worden sind.

Diese organisatorischen, gesetzlichen und institutionellen Maßnahmen haben ein Netzwerk von Bändigungselementen gegen bestimmte mit der freien Verkehrswirtschaft verbundene Erscheinungen zustandegebracht, die diesen Erscheinungen gegenüber als Kompensationen und Korrekturen wirken und sie auch tatsächlich weitgehend neutralisiert haben.

So geschlossen das Netz der Bändigungsmaßnahmen in abstrakter Betrachtung uns auch anmuten mag, der Prozeß der Bändigung selbst ist nicht aus einem einheitlichen systematischen Plan, sowie klar erkannten Bedürfnissen und Notwendigkeiten enstanden und systemhaft aufgebaut worden. Der Prozeß der Bändigung ist gewachsen.

So eindeutig sich im Netzwerk der Bändigung die einzelnen Maßnahmen nach ihren Intentionen bestimmen lassen, so wenig bilden sie jedoch als Folge der Art, wie sie entstanden sind, ein in sich geschlossenes System, dessen Einzelelemente zueinander wohl koordiniert wären. Neben der gewachsenen Art ihres Entstehens wird aber bzw. wurde die systematische Koordination der einzelnen Bändigungselemente zueinander vor allem durch den interessebedingten, gruppenliberalen Charakter der an der Bändigung wesentlich mitbeteiligten wirtschaftsendogenen Organisationen der Wirtschaftskontrahenten erschwert, die von sich aus stets die Tendenz haben bzw. ständig versucht sind, maximale Forderungen zu stellen.

Die wirtschaftsexogenen Bändigungselemente bestehen vor allem in den Maßnahmen des Staates, und zwar in der Sozialgesetzgebung, die sich in die beiden Zweige der Arbeiterschutzgesetzgebung und der Sozialversicherungsgesetzgebung gliedert. Daneben aber hat die zyklische Bändigung der Wirtschaft durch den Staat, wo der Staat zunächst als Stabilisator und am Ende als Motor der Wirtschaft auftritt, eine große Rolle in der Bändigung gespielt. Die hierher gehörenden Maßnahmen liegen zwischen einfachen Notstandsarbeiten und einer konsequenten Vollbeschäftigungspolitik der obersten Grenze. Sie bedienen sich ähnlich wie bei den wirtschaftstranszendenten Maßnahmen in der Hauptsache der Finanzwirtschaft der öffentlichen Hand, insbesondere der Steuerpolitik und der Geld- und Kreditpolitik[16].

Durch sie ist der Staat insbesondere seit der Weltwirtschaftskrise zum Garanten des Aufschwungs geworden. Die hier vorhandenen Möglichkeiten sind von der modernen volkswirtschaftlichen Theorie als Multiplikator- und Akzelerationsprinzipien in besonderer Weise betont worden. Während die gesamte Wirtschaft nach staatlicher Hilfe zu rufen pflegt, sobald ein Umschwung nach unten sich bemerkbar

---

[16] Vgl. vom *Verfasser*: Finanzwirtschaft und Wirtschaftsordnung in der Finanzwirtschaftslehre und staatswirtschaftlichen Praxis in USA, in „Beiträge zur Finanzwissenschaft und zur Geldtheorie" (Festschrift für Rudolf Stucken). Göttingen 1953. S. 206 ff.

§ 20 Die Bändigung der freien Verkehrswirtschaft

macht, wird der Staat jeweils dann in die Wüste geschickt, sobald er der Wirtschaft wieder auf die Füße geholfen hat.

Die hier dem Staat zur Verfügung stehenden finanzwirtschaftlichen und geldpolitischen Mittel sind die gleichen, wie wir sie in der wirtschaftstranszendenten Rubrik kennengelernt hatten. Während jedoch diese trotz ihres ungemein größeren Gewichts im Hinblick auf Staatsverschuldung und die Inflation der Währungen infolge ihres Zwangscharakters zumeist stillschweigend hingenommen werden, haben die im Vergleich damit geradezu geringfügigen wirtschaftsimmanenten finanzwirtschaftlichen und geldpolitischen Maßnahmen der Staaten jeweils zumeist heftige Debatten ausgelöst, weil man sie als „freiwillig" empfand!

Die wirtschaftsendogenen Bändigungselemente bestehen vor allem in Interessentenorganisationen der verschiedenen Art, die auf Grund des Koalitionsrechtes, eines Sonderfalles der Vertragsfreiheit, sich in der Wirtschaft bilden konnten. Sie sind also unmittelbar eine Folge des liberalen Prinzips der Vertragsfreiheit, mittelbar aber eine Folge der von uns dargestellten strukturellen Ungleichheiten der Marktkontrahenten als Resultat freier marktwirtschaftlicher Beziehungen und gleichzeitig des Strebens nach größerer wirtschaftlicher Sicherheit. Sie haben z. T. aggressiven und z. T. defensiven Charakter. Gleichgültig, welcher von diesen beiden Charakterzügen bei ihrer Gründung überwogen haben mag, sind beide Charakterzüge bei ihnen zumeist gemischt vertreten. Es liegt dabei nahe, vor allem an die Defensivorganisationen der Arbeitnehmer zu denken. Es wäre aber doch zu einseitig, wollten wir uns darauf beschränken. Neben ihrem unmittelbar defensiven oder aggressiven Charakter spielen sie vor allem im Stadium einer fortgeschrittenen Entwicklung als „pressure groups" im Hinblick auf die Regierungen und die öffentliche Meinungsbildung heute in allen demokratischen Industrieländern eine bedeutende Rolle.

Neben den häufig als Selbsthilfeorganisationen entstandenen Arbeiterdefensivorganisationen sind vor allem drei Gruppen von Interessentenorganisationen hier zu erwähnen. Die Unternehmerorganisationen, die Arbeitgeberorganisationen und die sonstigen Defensivorganisationen. Bei den Unternehmerorganisationen heben sich vor allem die horizontalen Organisationsformen von den vertikalen ab. Die horizontalen sind ihrer Natur nach zumeist preismonopolistischer oder preisoligopolistischer Art und beziehen sich auf Marktkontrahenten, die der gleichen Fertigungsstufe angehören. Demgegenüber sind die vertikalen zumeist technisch bedingte Organisationen von Wirtschaftskontrahenten ungleicher, jedoch aufeinander angewiesener Fertigungsstufen.

Das Wesen dieser uns besonders in Deutschland infolge der sogenannten Dekartellierung ins Gesichtsfeld gerückten Organisationen besteht auf lange Sicht nicht zuletzt in ihren Krisen stabilisierenden Wirkungen, die Schumpeter in seinen Standardwerken „Kapitalismus, Sozialismus und Demokratie" und „Business Cycles" gebührend hervorgehoben hat. Von den vertikalen und horizontalen Unternehmerorganisationen sind die Arbeitgeberverbände zu unterscheiden, die ursprünglich zu dem Zwecke geschaffen wurden, um den Gewerkschaften erfolgreicher begegnen zu können. Beide stehen sich heute als gleichberechtigte und staatlich anerkannte Sozialpartner bei Verhandlungen gegenüber. An dieser Stelle wird ein Wesenszug der sogenannten Bändigung besonders klar, daß nämlich im Zuge der Bändigung an Stelle der wilden sozialen Auseinandersetzung die geregelte getreten ist.

Neben diesen Gruppen ist dann noch die Sammelgruppe der sogenannten sonstigen Defensivorganisationen zu erwähnen. Zu ihnen gehören einmal die ihrer Struktur nach vorkapitalistischen Wirtschaftssektoren, die des Handwerks und vor allem der Landwirtschaft. Die Organisationen dieser vorkapitalistischen Wirtschaftssektoren tragen neben den Innungen und Interessentenorganisationen im engeren Sinne häufig die verschiedenen Formen der Genossenschaft.

Hier sind dann ebenfalls die genossenschaftlichen Organisationen der Konsumenten zu erwähnen sowie die Gruppen der übrigen Interessenten, die in sehr verschiedener Lagerung unser gesamtes wirtschaftliches und politisches Gefüge durchziehen. Sie bilden ein kaum übersehbares Netzwerk, das aus sehr verschiedenartigen Verbänden, Gruppen und Organisationen besteht. Sie zeichnen sich dadurch hauptsächlich aus, daß sie den einzelnen nicht von seiner beruflichen Stellung im Produktions- und Wirtschaftsprozeß her erfassen. Sie nehmen bestimmte von dieser Stellung unabhängige besondere Verhältnisse zum Anlaß des organisatorischen Zusammenschlusses (Kleintierzüchter, Heimatvertriebene, Körperverletzte, Berufssoldaten u.a.m.). Hier hat es vielfach den Anschein, als würde der einzelne in der heutigen Wirtschaft und Gesellschaft überhaupt nur noch als Verbandsmitglied existieren können.

Alle diese Verbände und Querverbände haben in Gemeinschaft mit bestimmten Maßnahmen des Staates auf dem Weg über die Koalition das Teilmonopol als bestimmendes Strukturprinzip in die Wirtschaft und Gesellschaft des gebändigten Industriekapitalismus eingeführt. Für alle ist eine gruppenindividualistische, gruppenliberale ja zum Teil gruppenmachiavellistische Haltung kennzeichnend, die den Einzelindividualismus der liberalen Marktwirtschaft des 19. Jahrhunderts abgelöst hat. Dem Gruppenindividualismus verwandt ist dann jene

§ 20 Die Bändigung der freien Verkehrswirtschaft

politisch durchaus nicht unbedenkliche Tendenz, die eigene wirtschaftliche und gesellschaftliche Umwelt ständig zu überfordern, d. h. die eigenen Interessen zu verabsolutieren.

Es ist verhältnismäßig leicht, mit den heutigen Erfahrungen ausgestattet, gegen den Prozeß der Bändigung überhaupt, die Bändigungsorgane, ihre Wirkung und die Haltung der Gruppen Vorwürfe zu erheben. Es ist in diesem Zusammenhang vielfach geradezu Sitte geworden, die Bändigung überhaupt oder bestimmte Bändigungsorgane als die schlechthin Verantwortlichen und Böswilligen hinzustellen, denen all die Schwierigkeiten zuzuschreiben seien, die den sogenannten „gemischten Ordnungen" insbesondere im Hinblick auf ihren politischen Rahmen innewohnen.

Es sollte dabei aber niemals vergessen werden, daß es für die demokratischen Industriestaaten heute gar keine politische Entscheidung zwischen der „reinen" Ordnung einer Verkehrswirtschaft, wie sie das 19. Jahrhundert im industriekapitalistischen Sektor weitgehend kannte, und einer Ordnung gibt, die den gemischten Ordnungen der Gegenwart angehört. Die Frage nach der hier vorhandenen Problematik wird heute häufig sehr einseitig gestellt. Es kann nicht bestritten werden, daß reine Ordnungen politisch weniger labil sind. Aber es nützt wenig, die Frage etwa so zu stellen: Wie stünde es, bzw. wieviel besser stünde es um die heutige industriekapitalistische Wirtschaft und Gesellschaft ohne die Bändigungsorgane, denen wir im einzelnen nachgegangen sind. Hierbei werden die einzelnen Bändigungselemente im Geiste stillschweigend aus der heutigen Wirtschaft einfach herauseliminiert. Wird diese hypothetische Frage — und nur um eine solche handelt es sich ja — überhaupt gestellt, dann müßte sie schon so lauten: Was wäre aus der Wirtschaft und Gesellschaft in dem liberalen Konkurrenzsystem des 19. Jahrhunderts geworden, wenn die bändigenden Korrekturen und Kompensationen nicht entstanden wären und mildernd gewirkt hätten? Welche Konsequenzen insbesondere politischer Art würde es denn gehabt haben, wenn alles „beim Alten" geblieben wäre?

Wenn wir die Entwicklung als ganzes beurteilen wollen, dann ist nicht zu fragen, wie würden sich die durch den Prozeß der Bändigung gegenüber dem 19. Jahrhundert so weitgehend veränderte heutige Wirtschaft und Gesellschaft ausnehmen, wenn wir sie von diesem wirklichen oder vermeintlichen Totgewicht der Bändigungsorgane befreien könnten? Die Frage muß dann so gestellt werden, was würde denn geschehen, wenn wir in der heutigen Umwelt und unter den heutigen sozialethischen Anschauungen und Bedingungen plötzlich die Wirtschaft im Stile des ökonomischen Liberalismus des 19. Jahrhunderts betreiben würden? Wohl jeder ist sich darüber im klaren, daß dies unmöglich ist. So stellen wir auch diese Frage nur, um gegenüber allen Einwendungen diesen Bändigungsprozeß ins richtige Licht zu rücken.

Denn unter den politischen Voraussetzungen, wie sie Hand in Hand mit dem ökonomischen Liberalismus des 19. Jahrhunderts einhergingen und den Ansatzpunkt zu jener „unwiderstehbaren Revolution" des Demokratisierungsprozesses bildeten, hatten die industriellen Wirtschaftsgesellschaften des 19. Jahrhunderts keine andere Wahl als zwischen „Sozialreform oder Revolution" zu wählen und den Weg der bändigenden Sozialreform einzuschlagen.

§ 21 Die Ordnungsstruktur der Wirtschaft nach der Bändigung

Durch die sogenannte Bändigung hat sich die Ordnung der Wirtschaft entscheidend gewandelt. Das Wesen der freien Marktwirtschaft des 19. Jahrhunderts war, daß hier ein wesentlich nur aus den Marktbeziehungen sich ergebender Mechanismus vorwaltete. Dieser war eindeutig, monistisch und besaß deshalb einen wirtschaftsendogenen Systemcharakter. Es handelte sich bei dieser Art der Ordnung um eine reine Ordnung, die von dem das Wirtschaftsleben bestimmenden industriewirtschaftlichen Sektor ausging und der ebenfalls die nichtindustriellen Teile im Inneren und außerhalb der Industrieländer unausgesetzt unterworfen wurden, woraus sich dann die Expansion wohl als die wichtigste Voraussetzung dieser liberalen Ordnung der Wirtschaft ergab.

An Stelle dieser reinen Ordnung mit ihrer eigenen wirtschaftsendogenen, monistischen Systematik ist nun durch das, was wir den Prozeß der Bändigung nannten in den demokratischen Industriewirtschaften überall eine Ordnung getreten, die völlig anders geartet ist.

Sie kann nicht mehr als eine reine Ordnung bezeichnet werden. Sie stellt eine gemischte Ordnung dar. Sie ist ihrer Natur nach weder monistisch noch überwiegend wirtschaftsendogen, sondern pluralistisch und besitzt neben den nun nicht mehr allein führenden wirtschaftsendogenen beachtliche wirtschaftsexogene strukturelle Ordnungselemente. Ihr Charakter ist deshalb gemischt und vieldeutig geworden. Eine geschlossene Systemhaftigkeit ist ihr verloren gegangen bzw. nur noch in geringem Umfange wirksam.

An Stelle der Eindeutigkeit, d. h. an Stelle von einem Zentrum her eindeutig bestimmt zu sein, ist eine Tripolarität getreten. Die Elemente dieser Tripolarität sind: 1. die beachtlichen verkehrswirtschaftlichen Reste, d. h. jener Teil der Wirtschaftsbeziehungen, die immer noch nach den Gesetzen der Marktwirtschaft überwiegend geregelt werden; 2. der Staat mit der ihm heute zur Verfügung stehen-

§ 21 Die Ordnungsstruktur der Wirtschaft nach der Bändigung 93

den Vielfalt wirtschaftspolitischer Interventionsmöglichkeiten, der im Gegensatz zum Ordnungsbild des 19. Jahrhunderts nicht mehr wirtschaftsneutral ist, bzw. sein will oder sein kann; 3. die Gruppen bzw. Organisationen in ihrer gruppenliberalen Haltung, die zum Teil an Stelle individueller Wirtschaftskontrahenten überhaupt getreten sind.

Dabei ist es sowohl offensichtlich als auch für das Funktionieren des Wirtschaftsgefüges des gebändigten Industriekapitalismus erschwerend, daß die Zuständigkeitsgebiete dieser drei Bestimmungspole des Wirtschaftlebens des gebändigten Industriekapitalismus nicht klar abgegrenzt bzw. abgrenzbar sind. Sie überschneiden sich und gehen mannigfach ineinander über. Für den gleichen Bereich sind — so könnten wir formulieren — nunmehr drei verschiedene Befehlsstände oder Orientierungspunkte zuständig. Dies weist uns auf einen offensichtlichen Mangel dieses Wirtschaftsgefüges: als gemischtes Ordnungssystem, dessen Ordnungselemente außerdem verhältnismäßig frei gewachsen sind, bedarf es dringend der systematischen Koordination.

Dies bedeutet zunächst eine mehr negative Aufgabe, nämlich bei den einzelnen Maßnahmen, z. B. bei denen des Staates vor allem dahin zu wirken, daß nicht ein wirtschaftspolitischer Leerlauf sich dadurch einstellt, daß bestimmte Maßnahmen durch andere aufgehoben bzw. wirkungslos gemacht werden. Als positive Aufgabe beinhaltet dies eine vernünftige Zuordnung der Bereiche zueinander, was vor allem heute eine Abgrenzung der gruppenliberal beherrschten Bereiche und unter Umständen eine Reduktion der Gruppenorganisationen auf ein vertrebares Maß mit sich bringt, um so dem Staat seine Aufgaben als Hüter des Gemeinwohls nicht unmöglich zu machen.

So heben sich zwei Stadien der wirtschaftlichen Entwicklung des gebändigten Industriekapitalismus deutlich voneinander ab: 1. das Stadium des unkoordinierten Interventionismus mit all seinen inneren Widersprüchen und Leerlaufmöglichkeiten, und 2. ein Stadium der Koordination, und zwar einmal der internen, in jedem einzelnen Bereich und der eigentlichen Koordination des Ganzen, als Koordination der verschiedenen Bereiche zueinander. Hierin besteht die von den gemischten Ordnungen der gebändigten industriekapitalistischen Volkswirtschaften in nächster Zukunft zu leistende wirtschaftspolitische Aufgabe.

Die gemischten Ordnungen mit ihrer wirklichen oder scheinbaren Unordnung, bzw. Pluralität der Ordnungen, sind gewachsen und bedürfen wie alle derart gewachsenen Tatbestände des sozialen Lebens der Koordination. Aus der Pluralität der Ordnungskerne ergibt sich auch ihre politische Anfälligkeit.

Untereinander sind diese gemischten Ordnungen in den verschiedenen Ländern jedoch keinesfalls gleich. Sie ähneln sich nur im Hinblick auf die ihnen allen eignende Tripolarität. Ihrem Wesen nach sind aber diese gemischten Ordnungen je nach der Dosierung der drei Ordnungskerne verschieden. So liegen sie in mannigfacher Schattierung zwischen den Extremen einer vorwiegend verkehrswirtschaftlichen Regelung und einer Regelung, die der Zentralverwaltungswirtschaft u. U. verhältnismäßig nahe kommen kann.

Die verkehrswirtschaftliche Entwicklung des 19. Jahrhunderts zerfällt in den europäischen Industriewirtschaften in drei Phasen: in die Phase der werdenden, der voll entfalteten und der sich in Ansätzen bändigenden Konkurrenzwirtschaft (der Fachmann sei hierbei an das Triduum der Kondratieffschen langen Wellen erinnert: 1790—1843, 1844—1897, 1898—(1913)...).

Als Ordnungstypen stellen die zweite und dritte Phase die liberale Ordnung und die liberale Ordnung mit monopolkapitalistischen Einschüben und einem sich entwickelnden gemeinwirtschaftlichen Sektor dar, die im gewissen Sinne als Übergang zu den gemischten Ordnungen gelten kann. Diametral stehen ihnen gegenüber die exogenen, d. h. wesentlich vom Staat gesetzten zentralverwaltungswirtschaftlichen Ordnungen. Diese weisen ebenfalls zwei Grundformen auf: die eine, die „faschistische" kennt zwar noch das Privateigentum an den Produktionsmitteln, jedoch nur eine wesentlich eingeschränkte Verfügungsgewalt. Die andere, die „bolschewistische" kennt außer dem staatlichen Eigentum an den Produktionsmitteln nur die zentrale Verfügungsgewalt.

Im Gegensatz zu den geschichtsoffenen, rein liberalen und gemischten Ordnungen befinden wir uns hier im Bereich der geschichtsgeschlossenen Ordnungen, wo es im Grunde genommen keine soziale Eigenentwicklung mehr gibt. An die Stelle des Politikers ist hier der soziale Techniker getreten, der in der „Werkstatt der Gesellschaft" ohne Rücksicht auf Freiheit und Persönlichkeit „experimentiert". (Man vergleiche hierzu Franz Kafkas Roman „Das Schloß" und George Orwells utopischen Roman „1984"). Er setzt die „Normen", er erfüllt und verbessert sie und versucht sich als Nachfahre Descartes dadurch zu bewähren, daß er den „maître et possesseur de la nature" zum „maître et possesseur de la société" ergänzt. So gestaltet er nicht nur „den Haushalt der Natur" unter Umständen grundlegend um, sondern wird zum „Seelentechniker", der säkularen Kümmerform des Priestertums. Er kann in einigen wenigen Exemplaren als Spitzenfunktionär die Maschine des Tremendum betätigen, die der völlig säkularisierte Massenstaat schließlich darstellt, der in undurchdringlicher Willkür wie ein göttlicher Dämon Lohn und Last, Schicksal und Schuld selbstherrlich verteilt.

Die gemischten Ordnungen wären von den Ordnungskernen und ihrer jeweiligen Dosierung her grob zu typisieren. Und zwar nach solchen Ordnungen, wo die verkehrswirtschaftliche Marktregelung (z. B. in der Bundesrepublik), die staatliche Wirtschaftspolitik (z. B. in England und Schweden als Vollbeschäftigungspolitik) oder die Gruppen (wie dies so weitgehend in USA der Fall ist) bestimmen.

Den gemischten Ordnungen gemeinsam ist die marktwirtschaftliche Regelung, jedoch nicht mehr als freie autonome, sondern als soziale Marktwirtschaft. Diese soziale Marktwirtschaft kann ihrerseits mehr dazu neigen, einen autonomen Charakter auf der einen Seite oder überwiegend subsidiären Charakter auf der anderen Seite zu besitzen. Im erstgenannten Falle wird grob gesprochen die Wirtschaftspolitik den marktwirtschaftlichen Erfordernissen untergeordnet, während in dem zuletzt genannten Fall Umfang und Art der marktwirtschaftlichen Regelung danach bestimmt zu werden pflegt, inwieweit die Marktwirtschaft den grundsätzlichen wirtschaftspolitischen Zielsetzungen der betreffenden Volkswirtschaft nicht widerläuft.

Auf jeden Fall sind die mannigfaltigen Schwierigkeiten der sogenannten gemischten Ordnungen nicht dadurch zu beseitigen, daß man sie als Sündenfälle verschiedenen Ausmaßes aus dem Paradies der Verkehrswirtschaft ansieht und ihnen das Schicksal des Kollektivismus als unvermeidlich oder höchstwahrscheinlich ständig drohend vor Augen hält.

Die mit dem Industrialismus verbundenen soziologischen Vermassungserscheinungen haben vielfach den Boden für den politischen Kollektivismus mit vorbereitet. Die Notwendigkeit eines solchen Umschlages ist aber nirgends in den Gesellschaften und ihrer Wirtschaft abzulesen. Gerade hier sind bestimmte ihrem Wesen nach eindeutig retrospektiv orientierte Warnungen, trotz ihres Verdienstes, den Blick auf diese Gefahren gelenkt zu haben, der Erkenntnis der Tatsachen und der Aufgaben in der wirtschaftlichen, gesellschaftlichen und politischen Entwicklung der Gegenwart, aufs Ganze gesehen, eher ab- als zuträglich gewesen.

§ 22 Die politische Problematik der Bändigung

Die Bändigung des Kapitalismus hat ein wesentliches Gefahrenmoment, das im 19. Jahrhundert für die politische Demokratie bestand, beseitigt. Diese politische Gefahrenquelle bestand im wesentlichen darin, daß man die kapitalistische Wirtschaftsordnung in der Form der freien Verkehrswirtschaft mit der politischen Demokratie einfach gleichsetzte und sie zu einem unbedingt miteinander verbundenem politisch-sozialkökonomischen Gesamtsystem zusammendachte.

Es ist leicht einzusehen, daß in diesem Falle die politische Demokratie an all der Feindschaft und Ablehnung teilzunehmen verurteilt war, die ja im Grunde gar nicht ihr, sondern einer bestimmten Wirtschaftsordnung galt.

Wir haben schon an früherer Stelle als Grund für die Kapitalismusfeindschaft auf die ungeheure Diskrepanz zwischen der langfristigen Rationalität des Kapitalismus und seinen gerade deshalb so schwer verständlichen kurzfristigen Irrationalitäten hingewiesen. Es ist eine einmalige Leistung, daß im Laufe von hundert Jahren eine sich mehr als verdreifachende Bevölkerung nicht nur im gleichen Umfange ernährt, gekleidet und behaust wurde, sondern eine allgemeine und grandiose Wohlstandssteigerung gelang, die über allen Prophezeiungen irgendeiner absoluten oder relativen Verelendung zur Tagesordnung überging.

Muß es aber neben dieser grandiosen Gesamtleistung nicht tatsächlich eigenartig berühren, daß es dem Industriekapitalismus bis nach dem ersten Weltkrieg, genauer bis zur Weltwirtschaftskrise, nicht gelang, der kurzfristigen Irrationalitäten, der mit ihm verbundenen Krisen und der zeitweiligen Arbeitslosigkeit Herr zu werden? Sicherlich liegt hier eine der bedeutendsten Ursachen der verbreiteten Kapitalismusfeindschaft. Aber das ihn umgebende politische System der Demokratie war immer wieder gezwungen an dieser Feindschaft teilzunehmen.

Im Zuge des Prozesses, den wir die Bändigung des Kapitalismus genannt haben, hat sich die Rolle und Bedeutung des Staates gegenüber der Wirtschaft grundsätzlich gewandelt. An Stelle des Neutralitätsideales ist auch bei denen, die die liberalen Gedanken heute noch am reinsten vertreten, eine „staatliche Ordnung" des Wettbewerbs getreten, die sich durchaus nicht mehr auf das physiokratische Axiom des Laissez faire zurückzieht. Wir stehen nun nach vollzogener Bändigung in einem gewissen Sinne vor einer Umkehrung des Verhältnisses, wie es einst zwischen der formalen politischen Demokratie und dem egalitären Demokratismus bestand. Die Bändigung hat ungezweifelt ein gewisses Maß faktischer Gleichheit und sozialer Sicherheit für die Wirtschaftskontrahenten mit sich gebracht. Sie hat das einst berechtigte Gefühl struktureller Benachteiligung eingedämmt. Sie hat aber gleichzeitig einen Machtzuwachs des Staates bedingt und auf Gebieten mit sich gebracht, der den Idealen der klassischen politischen Demokratie vielfach widerspricht, obgleich die gleichen Eingriffe und Interventionen auf lange Sicht gerade im Sinne der demokratischen Ideale erfolgten.

Die eigentliche Problematik dieser Entwicklung im Hinblick auf die politische Demokratie und ihre Ideale liegt vor allem auf der Ebene

§ 22 Die politische Problematik der Bändigung

der Verbände und Organisationen. Rein wirtschaftlich gesehen haben diese an Stelle der individuellen, konkurrenzwirtschaftlichen Marktbeziehungen das monopoloide Element der Vermachtung treten lassen. Die Verbände der Wirtschaft in ihren verschiedenen Ausprägungen waren, wie wir sahen, das Ergebnis der Vertrags- und Koalitionsfreiheit. Vertrags- und Koalitionsfreiheit aber waren die Ergebnisse der politisch demokratischen Emanzipationen. So wurde hier der ökonomische Liberalismus durch die Prinzipien der politischen Demokratie geschlagen. In politischer Hinsicht kann diese Entwicklung jedoch auf Grund der folgenden, mit diesen „Verbänden" in Wirtschaft und Gesellschaft verbundenen Tatbeständen unter Umständen problematisch werden.

In der Wirtschaft ist an Stelle der den individualistischen ökonomischen Liberalismus begünstigenden Konkurrenzwirtschaft weitgehend die Vertretung der Marktkontrahenten durch die Gruppe, d. h. die Interessenorganisation, getreten. Geblieben ist aber die liberale Grundstruktur des politischen Gefüges. Einem extrem manchesterlich eingestellten Unternehmertum sind zwar die Möglichkeiten in der Wirtschaft beschnitten. Die organisierte Vertretung von Gruppeninteressen mit gruppenmanchesterlicher Unbekümmertheit gehört aber heute zur Tagesordnung. Die manchesterliche Verabsolutierung organisierter Gruppeninteressen ist ein Wesenszug dieser Entwicklung.

Es mag naheliegen, dabei an die Gewerkschaften zu denken. An sie ist auch, jedoch keineswegs ausschließlich zu denken. Die hier umrissene Haltung ist die Haltung fast aller organisierten Interessentengruppen. Als Haltung des beständigen Forderns ist sie objektiv überhaupt erst ermöglicht worden durch die ungeheure Produktivität der modernen Industriewirtschaften. Parallel zur ständig wachsenden Wohlstandsrate aller Bevölkerungskreise ist sie zu einer Art sozialer Gewohnheit geworden, und zwar nicht nur bei den Gewerkschaften. Wer z. B. die Haltung bestimmter landwirtschaftlicher Interessentenorganisationen oder auch die Interessenvertretung anderer Gruppen kennt, weiß, daß auch die Vertreter dieser Gruppeninteressen sich vielfach in der Verabsolutierung ihres partikularen Interesses zu überbieten versuchen.

Diese Organisationen haben eine schon angewachsene staatliche Bürokratie durch die Entfaltung einer Organisationsbürokratie weiter entscheidend aufgebläht. Keine der bestehenden Organisationsbürokratien ist aber jemals geneigt, einmal unumwunden zuzugeben, daß sie bzw. die Organisation das Ziel ihres Wirkens errreicht hätten oder dabei seien, es zu erreichen. Keine der Bürokratien dieser Interessentenorganisationen ist zu dem bereit, was ihnen als „bürokratischer Selbstmord" erscheinen muß.

Damit sind aber diese Interessentenorganisationen neben ihrer positiven Wirkung zu den Hauptträgern einer Mentalität geworden, die die Haltung der Massen in den meisten Industrieländern auszeichnet. Sie stärken und bestärken den Menschen in der Haltung einer ständig zunehmenden Begehrlichkeit, die trotz einer andauernd steigenden Wohlstandsrate ein beachtliches Maß sozialer Unrast in diesen Gesellschaften zustande bringt.

Außerdem bestehen diese Organisationen als politische „pressure groups", die die Regierungen der Länder entweder unmittelbar zwingen oder indirekt veranlassen, auf ihre Wünsche Rücksicht zu nehmen. Wie soll aber bei einer solchen inoffiziellen und in sich selbst häufig widersprüchigen Nebenregierung der Gruppen in den demokratischen Ländern sich der Staat immer zum Gemeinwohl durchfinden? Die Interessentenorganisationen aber stehen nicht nur in Konkurrenz zueinander und zu den Regierungen, sie stehen ebenfalls in Konkurrenz mit den Trägern der politischen Willensbildung in den heutigen demokratischen Staaten, nämlich mit den Parteien.

Eine größere faktische Gleichheit, im Sinne einer egalitären Demokratie, ist also Tatsache geworden. Die Findung der volonté générale, eine einheitliche politische Willensbildung der Regierung in den Staaten, die ihrerseits im Vergleich zum 19. Jahrhundert über eine damals ungeahnte Macht verfügen, ist aber gleichzeitig gewaltig erschwert worden. Dazu kommt noch ein weiteres:

Die heutigen höchst arbeitsteiligen Industriegesellschaften sind in einem extremen Maße in ihrem Inneren interdependent geworden. Diese Interdependenz bedeutet, wie wir schon festgestellt haben, daß diese modernen Industriegesellschaften auf soziale Disziplin in einem ganz anderen Umfange angewiesen sind als Gesellschaften, in denen es in größerer Zahl noch mehr oder weniger unabhängiger Wirtschaftsexistenzen gab.

Es wird eine Schicksalsfrage der demokratischen Regierungsform sein, ob die Gruppen in ihnen sich zu dem notwendigen Maß an sozialer Disziplin auch in Zukunft stets kooperativ zusammenfinden werden. Gelingt dies nicht, so hebt sich das politische Prinzip der Demokratie infolge des Mangels an sozialer Disziplin über die wirtschaftlichen Bedürfnisse in den demokratischen Industriegesellschaften u. U. selbst auf. Die Regierung muß dann, um diese soziale Disziplin aufrechtzuerhalten, undemokratische Maßnahmen ergreifen, um mit dem Einsatz aller ihrer Machtmittel diese soziale Disziplin zu erzwingen. Es ist dies tatsächlich eine Schicksalsfrage der Demokratie überhaupt, ob es ihr auch weiterhin gelingen wird, die Prinzipien der politischen Demokratie mit dem bestehenden Gruppenliberalismus zu vereinigen. Extremer Gruppenliberalismus ist jedenfalls mit den demokratischen Idealen und einer demokratischen Praxis der Regierung nicht auf die Dauer vereinbar.

§ 23 Die politische Bedeutung der soziologischen Folgen des Industrialismus

Es gehört, wie wir an früherer Stelle sahen, zu den vom 19. Jahrhundert vielfach unbesehen übernommenen Einseitigkeiten, sich bei der Betrachtung der Industriewirtschaften nur auf die Wirtschaftsordnungen zu beschränken. Der Industrialismus ist jedoch von seiten der Wirtschaftsordnung nur zum Teil bestimmbar.

Der wirklichen Bedeutung der industriellen Revolution wird u. E. wohl die (besonders von Arnold Gehlen) vertretene Betrachtung am meisten gerecht, welche die industrielle Revolution als die zweite große Kulturzäsur in der Entwicklung des Menschengeschlechts nach dem in grauer Vorzeit liegenden Übergang vom Nomadentum zur Seßhaftigkeit, als erster Kulturzäsur, auffaßt.

Die Wirtschaftsordnung ist zwar nicht willkürlich veränderbar, an sich jedoch verhältnismäßig variabel. Von der industriellen Produktionsweise kommt heute aber keines der industriellen Länder bei Strafe des Untergangs der Mehrzahl seiner Einwohner herunter. Ganz unabhängig aber von der Wirtschaftsordnung, ob diese konkurrenzwirtschaftlich, gebändigt kapitalistisch, demokratisch sozialistisch oder in irgendeiner Spielart kollektivistisch ist, wohnen, wie wir sahen, dem Industrialismus als einer Produktionsweise bestimmte Tendenzen inne.

Diese wären nun für uns in diesem Zusammenhang verhältnismäßig wenig belangreich, wenn sie politisch nicht bedeutungsvoll wären. Gibt es, so wollen wir zum Schluß nochmals fragen, Tendenzen des Industrialismus, die auf viel längere Sicht als die mit der Wirtschaftsordnung zusammenhängenden Tatbestände der politischen Demokratie und ihren Verfassungsidealen entgegenwirken? Unsere Antwort hat „ja" zu lauten!

Hierher gehören nun alle jene mit dem Industrialismus verbundenen Erscheinungen, die mit der sogenannten soziologischen Vermassung zusammenhängen. Da ihnen durch eine Änderung im System der Wirtschaftsordnung durchaus nicht ohne weiteres beizukommen ist, müssen sie tatsächlich als viel gefährlicher für die politische Demokratie angesehen werden, als die sich aus der Wirtschaftsordnung ergebenden Kollisions- und Reibungsmöglichkeiten.

Wir müssen diese noch einmal zusammenfassen. Es handelt sich hierbei um folgende dem Industrialismus typisch zu eigene Charakteristika: Der Hang zu großbetrieblichen Verhältnissen bedeutet tatsächlich eine zunehmende Unübersichtlichkeit. Schon Plato und mit ihm die meisten politischen Denker hatten erkannt, daß das gesunde Funktionieren eines Gemeinwesens eng mit einer bestimmten optimalen Größe desselben zusammenhängt. Über die Sphäre der Produktion hinaus wirken diese Tendenzen der heutigen Industriegesellschaften vor allem dadurch, daß sie den Menschen von der Seite der Arbeitsverrichtung her in seiner Haltung gegenüber allen anderen Lebensbeziehungen bestimmen.

Mit dieser zunehmenden Unübersichtlichkeit hängt aber auch die Zunahme sittlich nicht durchdringbarer Verhältnisse zusammen. Das Ganze wird vom einzelnen immer weniger überblickbar und sittlich undurchdringbarer. Selbst an der Spitze ist es vom einzelnen her nur noch schwer steuerbar. Jedoch ohne die sich sittlich und politisch verantwortlich fühlende Bürgerpersönlichkeit wird das Prinzip der demokratischen Selbststeuerung als Ideal der Demokratie entleert. Sittlich durchdringbar und übersichtlich aber können die heutigen sozialen Zusammenhänge in den Industriewirtschaften erst wieder werden, wenn es einigermaßen gelingt, zwischen Lebensraum und Arbeitsraum, die sich heute so sehr entfremdet sind, wieder Brücken zu finden und zu schlagen.

Extreme soziologische Vermassung und politische Demokratie vertragen sich auf die Dauer nicht. Anderseits sollte jedoch mit dem Ausdruck „Vermassung" vorsichtig umgegangen werden, denn nicht alles, was dem uns noch stets geläufigen Menschenbild der vorindustriellen Zeit nicht ganz entspricht, ist „Vermassung".

Hiermit sind aber der heutigen Wirtschaftspolitik im weitesten Sinne des Wortes nicht nur große, sondern zum Teil völlig neue Aufgaben gestellt, die von größter politischer Bedeutung sind. Es handelt sich dabei um Aufgaben, die vielfach in ihrer bestimmenden gesellschaftspolitischen Natur heute nur zum Teil erkannt und noch weniger anerkannt sind. Wie die Sozialkritik des 19. Jahrhunderts als institutionelle Kritik die für die Konkurrenzwirtschaft politisch und sozial notwendige Bändigung damals geistig vorbereitete, so ist die Pionierarbeit auf diesem Felde den Sozialwissenschaftlern heute zur Aufgabe gestellt.

Natürlich lassen sich übersichtliche und sittlich durchdringbare Verhältnisse innerhalb der Industriewirtschaft in ihrer heutigen Gestalt nicht einfach durch einen wohlmeinenden Willensentschluß schaffen und herbeiführen. Aber wenn die hier gegebene Problematik einmal anerkannt sein sollte, kann sie auch systematisch in einer zukünftigen Wirtschaftspolitik und Raumplanung mit berücksichtigt werden. Daß dies unter Umständen neue starke Eingriffe von seiten der wirtschaftspolitischen Instanzen erfordert, ist uns klar. Daß diese aber

§ 23 Die pol. Bedeutung d. soziolog. Folgen d. Industrialismus

nicht im Sinne einer Stärkung der Staatsmacht erfolgen, sondern in Richtung auf eine größere Selbstverwaltung und Dezentralisation werden wirken müssen, muß betont werden.

Das Schicksal der Demokratie als politischer Lebensform, ja darüber hinaus das Schicksal des sittlich verantwortlichen Individuums, wird nicht unwesentlich davon abhängen, ob es gelingt, wieder zu einigermaßen übersichtlichen Verhältnissen in Wirtschaft und Gesellschaft zu kommen. Glauben wir doch nicht, daß die ökonomische Rationalität dabei von vornherein geschlossen gegen uns stehe! Wenden wir hier einmal das von der Betriebswirtschaftslehre entwickelte Prinzip der optimalen Größe auf die Produktionseinheiten und die großen Agglomerationen unter politischen und soziologischen Gesichtspunkten an.

Wir wollen ruhig anerkennen, daß der Industrialismus den Menschen umgeschaffen hat und auch weiterhin umschaffen wird. Und es hat dabei keinen Sinn, das Menschenbild der vorindustriellen Zeit als einzig verbindliches und für immer gültiges Ideal zu proklamieren und hochzuhalten. Der Europäer steht zum Industrialismus heute in einem eigenartig dualistisch-ambivalenten Verhältnis. Er hat den Industrialismus entwickelt. Er hat die politische Demokratie entwickelt. Er hat als Folge der Säkularisation und des von ihm hier beschrittenen Weges einen Menschentypus entstehen lassen, der aus innerer („faustischer") Notwendigkeit heraus diese Entwicklung gehen mußte. Gleichzeitig aber verwendet er diesen Industrialismus und die von ihm nicht wegzudenkende Technik heute noch vielfach mit schlechtem Gewissen und einer gewissen inneren Hemmung, mit einem Gefühl einseitiger Verpflichtung gegenüber der eigenen Vergangenheit, die er als im Gegensatz zum technischen Industrialismus empfindet.

Aber der romantische Protest ist nutzlos. Es muß erkannt werden, daß der Mensch die Rolle des Dieners der Maschine überwinden muß und die Maschine zu seiner Dienerin machen kann, und daß ihm hierzu bestimmte wirtschaftspolitische Maßnahmen behilflich sein können. Wir können und dürfen aber nicht einer kurzsichtigen, rein güterquantitativ orientierten Utilität zuliebe, den sittlich verantwortlichen Menschen zu einem bloßen Roboter und seinen Staat, die Demokratie, zu einem Ameisen- oder Bienenstaat werden lassen.

Sechstes Kapitel

Industrialismus, Demokratie und soziale Sicherheit

§ 24 Die Krise der sozialen Sicherheit

Von dem Begriffspaar „Industrialismus und Demokratie" und den damit verbundenen und von uns erörterten Zusammenhängen ist der Begriff der „sozialen Sicherheit" heute nicht mehr wegzudenken.

Zwischen der historischen Form des Industrialismus als Industriekapitalismus und dem sowohl praktisch-politisch als auch theoretisch-ideologisch bedeutungsvollen Komplex „Demokratie" steht vermittelnd der Bändigungsprozeß des wirtschaftsindividualistischen Kapitalismus. Innerhalb dieser Bändigung bilden die vielgestaltigen Maßnahmen zur sozialen Sicherheit heute mit einen der wesentlichsten Bestandteile. Sie formen hier in einem doppelten Sinne ein Bindeglied: Sie haben einerseits im Hinblick auf die Situation der Marktkontrahenten gewisse grobe, strukturelle Handikaps, den Angebotszwang auf Seiten der unselbständigen Arbeitnehmer, gemildert und auch jene kurzfristigen, friktionellen Irrationalitäten des Industriekapitalismus, die periodischen konjunkturellen Rückgänge, vor allem in ihrer sozialen Bedeutung zurückgedrängt.

Sie haben damit gegenüber dem 19. Jahrhundert die staatlichen Demokratien aus Besitzdemokratien, die mit Leichtigkeit als eine Verbrämung wirklicher Herrschaftsverhältnisse „entlarvt" werden konnten, zu jenen Formen der Demokratie werden lassen, wie wir sie in der Gegenwart in den westlichen Ländern vorfinden und die sich auf dem Wege zur Verwirklichung bestimmter egalitärer Vorstellungen befinden, die einen beachtlichen Teil des levellerischen Independentismus in der Morgenstunde der modernen Demokratie belebten und dann später im 19. Jahrhundert das Hauptanliegen jener Strömung wurden, deren Zusammenfassung in dem Begriff „Sozialismus" sich eingebürgert hat.

Es erübrigt sich auch, heute noch darauf hinzuweisen, daß der klassische Sozialismus, als Gegenbewegung gegen die gesellschaftsauflösenden Potenzen des ökonomischen Individualismus, wie er der freien Verkehrswirtschaft des 19. Jahrhunderts zugrundelag, indem er durch sein radikales Auftreten die Bändigung erzwang und gleichzeitig das politische Selbstbewußtsein breiter sozialer Schichten hob, in den modernen europäischen Industriegesellschaften, soziologisch gesehen, beachtliche Funktionen der sozialen Intregration erfüllt hat. Daß der Gedanke der sozialen Sicherheit im Zuge der langfristigen, kulturgeschichtlichen, politischen und makrosoziologischen Entwicklung zur modernen Demokratie liegt, scheint ohne weiteres klar zu sein. Anderseits aber geraten in den modernen, geschichtsoffenen und pluralistischen Industriegesellschaften des Westens diese auf weite Sicht an sich berechtigten, notwendigen und sinnvollen Erscheinungen mikrosoziologisch, d. h. auf kürzere Sicht bzw. an bestimmten Stellen, immer wieder in Widerspruch zu gewachsenen und überkommenen soziologischen Gebilden und Einrichtungen, d. h. zu natürlichen Gemeinschaftsformen.

Der Gegensatz zwischen diesen und dem modernen Industrialismus mit seiner großen Dynamik ist sehr alt. Genau so unhistorisch, wie es wäre, in einer romantisch-retrospektiven Grundhaltung einseitig nur die Position dieser traditionellen Gemeinschaftsformen gegen den Industrialismus und seine auflösenden Wirkungen zu beziehen, würde es jedoch auch sein, die großen langfristig (idealtypisch) hier vorliegenden Entwicklungslinien im Sinne eines entwicklungsgesetzlichen Imperativs in die mikrosoziologische geschichtliche Wirklichkeit und Auseinandersetzung hic et nunc mechanisch zu übertragen. Die Erkenntnis des „Sinnes" (im Sombartschen Gebrauch des Begriffes) solcher säkularen Entwicklungen, wie sie hier vorliegen, bedeutet noch nicht, auch einen Wegweiser für unmittelbar praktische Lösungen zu haben.

So stehen sich auf dem von uns betrachteten Gebiet vor allem zwei Prinzipien gegnüber: das Familiensystem (the family pool) und das individualistische Rentensystem. Dieses geht davon aus, daß auch die Familien — wie alle traditionellen Verbandsformen — durch den Industrialismus tiefgehende Umgestaltung erfahren. Daß diese Umgestaltung vielfach eher einer Zerstörung dieser Verbandsformen überhaupt als einer Beseitigung nur bestimmter historischer Ausprägungen näher zu kommen scheint, ist eine Erfahrung, die für den Industriekapitalismus des 19. Jahrhunderts und vor allem für das mit diesem verbundene „Proletariat" zutraf. Denn dieses war ja nicht einmal mehr das sozial und wirtschaftlich (zumeist gewohnheitsrechtlich) doch noch einigermaßen gesicherte „Gesinde".

Zum Wesen des Industrialismus als Produktionsweise (hier unter Absehung von den ihn jeweils rahmenden konkreten Wirtschaftsordnungen) gehört nun tatsächlich die allgemeine Tendenz, zunächst in seinem Bereich, dann auch weit darüber hinaus, die selbstgenügsamen Wirtschaftsexistenzen aufzulösen bzw. ihre Bedeutung zu reduzieren. So werden z. B. die Haushaltungen, als das Gebiet, auf dem die Funktionen der Familie ihr eigentliches Betätigungsfeld fanden, schrittweise und mit ihnen die Familien entfunktionalisiert[17]. Damit werden eine ganze Reihe gemeinschaftlicher Verbandsgebilde, die das tragende Fundament dessen bilden, was als eine wohlgeordnete Gesellschaft bezeichnet werden kann, vielfach funktionslos. Diese Funktionsentleerung bedeutet, auf längere Sicht gesehen, manchmal ihren Verfall infolge ihrer tatsächlich damit eingetretenen Funktionslosigkeit. Oder aber sie werden in zunehmendem Umfange in ein System allgemeiner Interdependenzen eingeordnet, damit aber einer ihnen möglicherweise heteronomen Fremdgesetzlichkeit unterstellt.

In der Auffassung der Gesellschaft stehen sich ja, seitdem es Sozialwissenschaft im modernen Sinne gibt (und diese gibt es tatsächlich erst, seitdem die Gesellschaften „problematisch" zu werden begannen), zwei Grundauffassungen gegenüber. Die eine ist die organische Auffassung, die andere die mechanische. Die erste Auffassung sieht die menschlichen Verbandsformen als Lebensformen sui generis an und begegnet ihnen insbesondere als gewachsenen oder natürlichen Gemeinschaftsformen mit Achtung. Die organisierten Gesellschaftsformen werden diesen unterstellt und gelten im Inneren nur insoweit als gesund, als sie sich auf den Gemeinschaftsformen organisch aufbauen und diese in keiner Weise stören. Den Strukturprinzipien der natürlichen Gemeinschaften und der gewachsenen nachbarschaftlichen Verbände wird hier der Vorrang gegenüber den organisierten Gesellschaftsformationen und dem Staate eingeräumt.

---

[17] Margarethe *Freudenthal:* Gestaltwandel der städtischen bürgerlichen und proletarischen Hauswirtschaft. Frankfurter Dissertation 1934. — Das Thema ist gerade in letzter Zeit von verschiedenen Seiten her behandelt worden. So u. a. auf der Mai-Tagung der Agrar-Sozialen Gesellschaft 1951 in Bad Homburg, wo Prof. *Conze* eine Darstellung der Auswirkungen der Industrialisierung auf die ländliche Familie gab. — In jüngster Zeit hat Prof. *Schelsky* in seinem Referat „Wandlungen der deutschen Familie in der Gegenwart" auf dem deutschen Fürsorgetag 1953 in Hannover und in seinem Buche „Wandlungen der deutschen Familie in der Gegenwart", 2. Aufl., Stuttgart 1954, das gleiche Thema wieder behandelt. Das Generalthema des Fürsorgetages 1953 lautete bezeichnenderweise „Der Beitrag der Fürsorge zur Stärkung der Familie". — Ebenso hat Hans *Achinger* kürzlich in seinem wertvollen Beitrag zur Problematik der modernen Sozialpolitik, ihrer Praxis und vor allem ihrer Grundsätze (H. *Achinger:* Soziale Sicherheit, Stuttgart 1953) den schier unüberbrückbar gewordenen Gegensatz zwischen Grundsätzen und Praxis der sozialen Sicherheit einerseits und der Familie anderseits klar herausgearbeitet. — Mit der Aufzeigung der hier liegenden Probleme ist freilich — vorausgesetzt, daß sie überhaupt lösbar sind! — nur ein allererster Schritt getan. Die Frage einer befriedigenderen Organisation des sozialen Sicherheitssystems ist damit bestenfalls vorbereitet. Sollte sie vielleicht trotz vorhandener Einsicht gar nicht oder nicht mehr lösbar sein? Etwa im Sinne jenes abgrundtiefen Pessimismus des kürzlich verstorbenen H. *de Man,* des das Ganze in der heutigen Massengesellschaft vom einzelnen her und trotz besserer Einsicht für nicht mehr lenkbar hält? (H. *de Man:* Vermassung und Kulturverfall. Eine Diagnose unserer Zeit. München 1951.)

Aus der freilich nicht erst in der Gegenwart aktuellen, heute aber tatsächlich weithin spürbar gewordenen Tatsache des Übergewichtes der „künstlichen" gegenüber den „natürlichen" Sozialformen erklärt sich zum Beispiel die berechtigte Betonung, die das Prinzip der Subsidiarität als einer Voraussetzung der gesellschaftlichen Dezentralisation heute von verschiedenen Seiten her erfährt.

Die mechanistische Auffassung kennt demgegenüber im Grunde nur einzelne Individualatome. Nach ihr stellt die Gesellschaft wesentlich nur eine Summation dieser Einzelatome dar, die aus dem Motiv der Zweckmäßigkeit in Gesellschafts- und Herrschaftsverträgen als miteinander verbunden angesehen werden. Die der organischen Auffassung Verbundenen sehen die Gesellschaft als von unten her, die der mechanischen Auffassung Zuneigenden als mehr von oben her aufgebaut an. Ihr Gegensatz läßt sich auch auf den Unterschied von Zentralisation und Dezentralisation reduzieren, jedoch nicht auf das Begriffspaar Individuum und Gesellschaft. In Wirklichkeit steht bei beiden die Auffassung vom Menschen gegeneinander. Für die einen ist der Mensch vorzüglich Individuum, für die anderen in der Hauptsache natürliches Verbandswesen, d. h. ohne natürliche Verbandsgemeinschaften nicht denkbar. Dem konkret stets nur als Verbandswesen existierenden sittlich verantwortlichen Individuum ist hier der „Staatsbürger" untergeordnet. Seine sittliche Verantwortlichkeit als einzelner steht hier über seiner Polisgesinnung und über der Anerkennung der Staatsräson.

Die ihrem Ursprung nach an sich älteren, als Systeme uns jedoch vor allem im 17. Jahrhundert beggnenden Vertragstheorien waren freilich weniger historisch genetisch zu verstehen, als dies oft geschah. Sie stellten vielmehr symbolische Erklärungsversuche des logischen Sinnverstehens dar, auch wenn sie in historisch-genetischer Auffassung immer wieder das sozialwissenschaftliche Scheinproblem nach der Entstehung der Gesellschaft aufwarfen[18].

Die organische Gesellschaftsauffassung begegnet uns als eine erste Reaktion gegen eine unhistorische Gesellschaftsauffassung durch den Liberalismus in der Romantik. Aus der Zeitsituation ist es nun erklärlich, daß diese Richtung im Gegensatz zu den auf die bisherige Tradition einstürmenden Kräften des werdenden Industrialismus, als deren Vortrupp ja der wirtschaftsindividualistische Liberalismus angesehen wurde, damals eine ausgesprochen retrospektive Position gegenüber diesem Neuen bezog. Ihr gegenüber war der Liberalismus progressivistisch und zum Teil sogar utopisch-perfektionistisch.

---

[18] Siehe hierzu insbesondere Max *Adler*: Das Rätsel der Gesellschaft, Amsterdam 1936. Anhang.

Beide Grundrichtungen sind in den Sozialauffassungen auch heute noch grundsätzlich maßgebend. Beiden aber haftet auch heute noch viel von der nur aus ihrer Ausgangssituation verständlichen Grundstimmung an, obgleich die Verhältnisse inzwischen andere geworden sind. So wird schon das theoretische Verständnis zwischen den beiden Richtungen erschwert. Vertreter der organischen Richtung waren bzw. sind vielfach zu einem guten Stück auch heute noch Romantiker, was nicht ohne weiteres identisch ist mit einem echten politischen Konservatismus, der jeweils aus den objektiven Gegebenheiten die konkrete Richtung und Grenze seines konservativen Wollens bestimmt. Vertreter einer mehr mechanistischen Grundauffassung finden sich auch heute noch besonders dort, wo das Erbe des Progressivismus und Perfektionismus noch besonders lebendig ist, nämlich auf der Seite der Sozialreformer.

Als organische und mechanistische Auffassungen in der Soziologie, der Staatslehre und der politischen Theorie werden heute sehr verschiedene Positionen bezeichnet. Den älteren Auffassungen geht es in der Hauptsache um das Verhältnis von Individuum und sozialer Umwelt. Menschliche Individualität und menschlicher Individualismus stehen hier gegen seine Eigenschaft als Verbandswesen.

Als Verbandswesen besteht aber der Mensch auf sehr unterschiedlichen Verbandsstufen, die wohl am besten 1. als natürliche Verbände (Gemeinschaften), 2. als kooperierende und bzw. oder organisierte Gesellschaft und 3. als Staat grob zu gliedern wären, womit wir uns der hegelschen Gliederung: Familie — bürgerliche Gesellschaft — Staat (vgl. Rechtsphilosophie § 157) wenigstens formal wieder genähert haben.

Gegen die extrem individualistischen Auffassungen dieses Verhältnisses[19] waren jene Gruppen und Systeme entstanden, die in der politischen Theorie (bis zu Othmar Spann etwa) die Eigenschaft des Menschen als Verbandswesen besonders betonten. Die praktischen Erfahrungen mit den verschiedenen Formen des staatlichen Totalismus haben diesen organischen Ansätzen in der Soziologie und der politischen Theorie heute etwas den Wind aus den Segeln genommen. Das Resultat dieser Erfahrungen war (nach dem Gesetz des extremen Pendelausschlages) eine neuerliche Hinwendung zu einer mehr individualistischen Grundhaltung, die jedoch wesentlich mehr rein praktischer und viel weniger prinzipieller bzw. systematischer Natur ist als der systematisch fundierte Individualismus alter Prägung.

---

[19] Vgl. R. H. *Tawney:* Religion and the rise of capitalism (1926), New York (Pelican Ed.) 1947, S. 160: „Society is not a community of classes with varying functions ... It is a joint. stock company rather than an organism."

§ 24 Die Krise der sozialen Sicherheit

In der politischen Theorie und der Soziologie haben sich inzwischen auch feinere Unterscheidungen durchgesetzt, wobei z. B. hinsichtlich des Verhältnisses Individuum und soziale Umwelt die von uns unterschiedenen Verbandsstufen in ihrer Eigenart deutlich erkannt sind.

So ist für die heutige politische Theorie und Soziologie der Mensch natürlich immer noch an sich ein Verbandswesen. Er ist dies jedoch auf den verschiedenen Ebenen des verbandlichen Daseins in verschiedenem Umfange mit jeweils deutlich sich unterscheidender Distanz zu diesen Verbandsformen. Sein Verhalten als Verbandswesen auf den verschiedenen Stufen der Verbände und diesen gegenüber ist grundsätzlich der Sittlichkeit untergeordnet. Für die Neuorientierung der westlichen politischen Theorie der Gegenwart ist als grundsätzlicher Ansatzpunkt bezeichnend, daß die einzelnen Ebenen des verbandlichen Daseins nun nicht mehr einfach dem Staate unkritisch und undistanziert unterstellt, sondern in ihrer gegenseitigen Abhängigkeit ganz neu einander zugeordnet werden.

Damit hat sich die politische Theorie aus der Scheinantithese Individuum und Gesellschaft (als einer mehr oder weniger einheitlich gedachten sozialen Umwelt) endlich und endgültig herausgefunden. Gleichzeitig aber hat damit die moderne politische Theorie die „unterstaatlichen" Verbandsstufen in ihrer Eigenbedeutung für das Ganze der sozialen Umwelt erkannt und aus der bloßen Unterordnung unter den Staat herausgelöst. Damit sind die unterstaatlichen Verbandsformen wenigstens theoretisch gegenüber dem Staat, als der an der Spitze stehenden sozialen Verbandsform, zunächst schon einmal aufgewertet. Es ist damit anerkannt, daß diese in den modernen Industriegesellschaften besonderer Pflege bedürfen. Denn das Verhältnis „Staat — Individuum" wird wesentlich von dem Verhältnis aus bestimmt, in dem diese Spitze der Verbandsformen zu den unterstaatlichen, gemeinschaftlichen und gesellschaftlichen Verbandsformen steht. Diese Auffassung nun wird von uns als organisch bezeichnet. Sie unterscheidet sich wesentlich von den in der älteren politischen Theorie vertretenen organischen Auffassungen.

Auf die in der Aufklärungszeit liegenden Wurzeln des sozialen Sicherheitsgedankens weist Achinger mit Recht immer wieder hin[20]. Aus der großen Zahl vorliegender Utopien wählen wir nur eine aus, die freilich dem 19. Jahrhundert angehört. In Edward Bellamys „Rückblick" finden sich Sätze, die ebenso von den heutigen Vollbeschäftigungstheoretikern stammen könnten, wenn z. B. darin von Behörden gesprochen wird, deren Aufgabe es ist, „die Löhne für alle Arten von Gewerben unter einem System festzusetzen, welches wie das unsrige

---

[20] A.a.O. S. 17 ff.

bei freier Wahl des Berufes allen Beschäftigung verbürgt"[21]. So haben wir hier hier tatsächlich eine frühe Form des „Full employment in a free society" vor uns.

Auch bei Bellamy ist, wie in so vielen anderen Utopien, an eine alles im sozialen Leben harmonisierende Zentralbehörde gedacht. Für jeden gilt als Schlüssel der Verteilung ein extrem egalitäres Berechtigungsprinzip. „Sein (d. h. des Menschen) Rechtstitel (als Grundlage der Verteilung) ist sein Menschentum. Sein Anspruch ruht auf der Tatsache, daß er ein Mensch ist" (ebenda S. 80).

Dieses Erbe eines rationalistischen Utopismus ist im anglo-amerikanischen Kulturkreis wesentlich wacher als in Deutschland. Sowohl Shaw als auch Wells haben zu Beginn dieses Jahrhunderts ernsthaft den Gedanken eines hohen, allen zufallenden Minimaleinkommens vertreten. In Deutschland haben zwar sozialistische Gedankengänge verhältnismäßig tief Fuß gefaßt, dieser extreme anglo-amerikanische Liberalismus war hier jedoch weniger verbreitet. Es muß auch in diesem Zusammenhang erwähnt werden, daß der Begriff „liberal" besonders im amerikanischen Sprachgebrauch nicht so sehr orthodox Liberale im Stile des 19. Jahrhunderts bezeichnet, also nicht den gleichen Wortsinn hat, wie im deutschen Sprachgebrauch, sondern vor allem zu Bezeichnung von Sozialreformern dient, wie sie Roosevelt mit seinen „liberalen" New Deal-Plänen hinter sich brachte. Liberal bezeichnet hier also die liberale Gesinnung den wirtschaftlich Schwachen, den „underpriviledged", gegenüber.

Dieser rationalistisch-perfektionistische oder, wenn man so will, utopische Zug gilt nun nicht nur für die Innen-, sondern weitgehend auch z. B. für die amerikanische Außenpolitik, auf deren so gearteten Grundgehalt ja schon mehrfach hingewiesen worden ist[22].

Auch bei Harold J. Laski, einem Befürworter eines egalitaristisch gefärbten Demokratismus, kommt dies in seinem 1942 erschienenen Buch[23] zur Geltung. Laski spricht im Vorwort dazu (a.a.O. S. 6) den „Sozialbericht von Sir William Beveridge ... (als) ein grundlegendes Zeugnis dafür (an), auf Grund dessen wir beurteilen können, inwieweit die britische Regierung wirklich willens ist, der Erbschaft der künftigen Generation die ‚Vier Freiheiten' einzuverleiben".

---

[21] E. *Bellamy:* Die wunderbaren Erlebnisse des Herrn Julian West im Jahre 2000. Zürich 1947, S. 79 ff.

[22] Vgl. Leopold *Schwarzschild:* Von Krieg zu Krieg. Amsterdam 1947. SS. 56, 66, 39, 70, 79, 113, 119 u. a. Dieses Buch ist nicht nur eine in strikter Parteinahme geschriebene Geschichte der Zwischenkriegszeit, sondern daneben eine Analyse der utopischen Elemente der anglo-amerikanischen Völkerbunds- und Außenpolitik von 1918 bis 1939.

[23] Harold J. *Laski:* Revolutionäre Wandlungen in unserer Zeit. Zürich 1945.

§ 24 Die Krise der sozialen Sicherheit

Freilich ist mit der Bloßlegung der utopisch-perfektionistischen, in der Aufklärung liegenden Wurzeln zwar viel für das geistesgeschichtliche Verständnis und die Erklärung des individualistischen Ansatzpunktes getan, damit aber noch keineswegs der hier vorliegende ganze Komplex der modernen sozialen Sicherheit widerlegt oder innerlich ad absurdum geführt. Utopien stehen und standen dahinter! Freilich derart, daß aus den Utopien von gestern Wirklichkeiten von heute zu werden begannen, wie wir in Abwandlung jenes Wortes sagen könnten, das Karl Mannheim 1929 seinem Buche „Ideologie und Utopie" voranstellte.

Das Groteske ist nun, daß an dem Transformationsprozeß, der auf weite Sicht mit dem Industrialismus als einer Produktionsweise sich gegen die „natürlichen" Verbandsformen, vor allem aber gegen die Familie, richtet, nun auch jener Komplex von Maßnahmen und Einrichtungen aktiv mitbeteiligt zu sein scheint, den wir als die Maßnahmen und Einrichtungen zur sozialen Sicherheit zu bezeichnen pflegen. „Grotesk" nennen wir diesen Umstand deshalb, weil doch gerade diese Maßnahmen und Einrichtungen die natürlichen Gemeinschaftsformen und Verbände, soweit sie durch die Entwicklungen bestimmte Funktionen verloren hatten bzw. nicht mehr wahrnehmen konnten, in dieser Hinsicht organisch ergänzen müßten. Sollte die hier eingeleitete Entwicklung in das Gegenteil ihrer ursprünglichen Intentionen so völlig umgeschlagen sein oder umzuschlagen drohen? Die Maßnahmen und Einrichtungen der sozialen Sicherheit sollten ja doch ursprünglich durchaus im Sinne des Subsidiaritätsprinzips einer übergeordneten, stärkeren Stelle Aufgaben übergeben, die eine untergeordnete, schwächere Stelle infolge der industriekapitalistischen Entwicklung nicht mehr zu tragen und zu leisten imstande war.

Nehmen wir mit Schumpeter eine weitere allgemeine Wohlstandssteigerung durch den Industriekapitalismus als wahrscheinlich an, die schließlich (zwar immer noch, jedoch auch nur noch) als wirkliche Armutsfälle die einer „pathologischen Armut"[24] übrig lassen würde, so könnten schließlich die an dieser Wohlstandssteigerung Beteiligten und dies wären in diesem Falle fast alle, wiederum objektiv in die Lage kommen, das an sozialer Vorsorge für sich selbst — sei es allein oder auch im Rahmen der Familie — zu leisten, was in vorindustriellen Zeiten bzw. auch heute noch in den nichtindustriellen Sektoren die Familienverbände einst tatsächlich leisteten bzw. noch leisten.

Diese Wohlstandssteigerung könnte in absehbarer Zukunft eintreten, wenn wir vier Bedingungen in Zukunft als erfüllt annehmen: 1. Daß

---

[24] Joseph Alois *Schumpeter*: Kapitalismus, Sozialismus und Demokratie. 2. Aufl., Bern 1950, S. 107 ff.

keine großen politischen Katastrophen diese allgemeine Wohlstandssteigerung entscheidend stören. 2. Daß die „self-permanencing tendencies" der hier entstandenen bürokratischen Apparate nicht zu stark werden. 3. Daß der Industriekapitalismus nicht von neuem in eine mit massenhafter Arbeitslosigkeit verbundene weltweite Wirtschaftskrisis hineingerät. 4. Daß bei der Relativität dessen, was jeweils als Bedürftigkeit angesehen wird, die allgemeine Begehrlichkeit nicht die Einsicht in eine tatsächlich vorhandene allgemeine Wohlstandsteigerung versperrt, d. h. daß „der Lebensstandard ... wie das Rauchen eine Art abstrakter Sucht" zu werden bzw. zu sein aufhört[25].

Nun gilt der Auflösungsprozeß selbstgenügsamer soziologischer Einheiten zusammen mit der Entfunktionalisierungstendenz, die besonders die verschiedenen Formen der Haushaltungen betroffen hat, in Verbindung mit der in ihrer direkten Folge liegenden Tendenz, die soziale Interdependenz allgemein zunehmen zu lassen, langfristig für die industrietechnische Wirtschafts- und Gesellschaftsentwicklung. Er gilt auch für die Zukunft.

Wenn wir demgegenüber — ohne uns hier mit dem umfassenden Zukunftprogramm einer in diesem Sinne grundsätzlich neuorientierten Wirtschafts- und Sozialpolitik zu befassen — die bisherige industriekapitalistische Entwicklung betrachten, so muß festgestellt werden, daß in dieser historischen Sicht nicht alle innerhalb des heutigen Wirtschafts- und Sozialprozesses stehenden sozialen Schichten, Gruppen und Klassen diesem Auflösungsprozeß in gleicher Weise ausgeliefert waren. Dies widerspricht nun keineswegs unserer Feststellung, daß auf lange Sicht dem Industrialismus als einer Produktionsweise die oben skizzierten sozialen Auflösungstendenzen innewohnen Ohne Einschränkung gälte diese Feststellung für den reinen Industrialismus oder — wenn man so will — für den soziologischen „Idealtypus" Industrialismus. Der Industrialismus als Produktionsweise ist jedoch, da die wirtschaftlich-soziale Wirklichkeit auf Grund des Wachstumsprozesses, aus dem sie jeweils hervorgeht, stets vielschichtig ist, genau wie die Wirtschaftsordnungen niemals monistisch, sondern pluralistisch. Der Industrialismus tritt in den verschiedenen Volkswirtschaften stets mit anderen Produktionsweisen gemischt bzw. in verschiedenem Umfange gekoppelt auf, sofern die industriewirtschaftliche Entwicklung in einer geschichtsoffenen Gesellschaft, d. h. also nicht zentralistisch befehlswirtschaftlich (geschichtsgeschlossen) erfolgt.

Die Auflösungstendenzen, wie sie gegenüber den natürlichen Gesellschaftsverbänden (z. B. den „Gemeinschaften") dem Industrialismus zu eigen sind, sind nun ihrerseits nicht ohne weiteres identisch mit den

---

[25] A. *Gehlen:* Velhagen & Klasings Monatshefte, 61. Jg., Oktober 1953, S. 881.

in gleicher Richtung wirkenden Kräften, die der Wirtschaftsordnung angehören, die bisher den Industrialismus vor allem im 19. Jahrhundert begleitete. Diese „kapitalistische" Wirtschaftsordnung, unter der der Industrialismus Eingang und Ausbreitung in Europa und Amerika erlangte, ist sich im Laufe der vergangenen 150 Jahre durchaus nicht gleich geblieben. Sie ist durch einen sehr vielmaschigen Komplex von Maßnahmen strukturell umgestaltet, d. h. „gebändigt" worden. (Vgl. § 20).

Diese Ordnung der Wirtschaft, unter der sich der Industrialismus als Industriekapitalismus mit seiner rasanten Dynamik etwa bis zum ersten Weltkrieg ausbreitete, hing bzw. hängt wiederum mit einer bestimmten politischen Ordnung sowohl äußerlich als auch innerlich zusammen. Freilich sind die hier berührten Sozialprozesse sehr vielschichtig und verlaufen trotz inneren Verbundenseins in ihrer jeweiligen Sonderentwicklung keineswegs ohne weiteres parallel. Produktionsweise, Wirtschaftsordnung und die liberale politische Ordnung stellen so, obgleich sie natürlich „grundsätzlich" zusammenhängen, wiederum untereinander ein nicht immer spannungsfreies Beziehungssystem dar.

Wir müssen vor allem für die hierher gehörenden Zusammenhänge zwischen den soziologischen bzw. sozialpsychologischen Folgeerscheinungen des Industrialismus als Produktionsweise, des Kapitalismus als einer Wirtschaftsordnung und der liberalen Demokratie als seiner politischen Umwelt unterscheiden lernen. Diese drei Komponenten sind in ihrer Wirkung keineswegs identisch. In mancher Hinsicht stehen sie sogar in einem gewissen Widerspruch zueinander. An anderen Stellen ergänzen sie sich, wieder an anderen verstärken sie sich gegenseitig. So wirken zum Beispiel der in der liberalen Verkehrswirtschaft des 19. Jahrhunderts vorhandene Zug, den einzelnen Wirtschaftskontrahenten der Anonymität des Marktes und seiner Eigengesetzlichkeit auszuliefern, die von ihm ein rein wirtschaftsrationales, d. h. wirtschaftsindividualistisches (chrematistisches) Verhalten erzwingen, in fast der gleichen Richtung wie der dem Industrialismus als Produktionsweise innewohnende Drang zu anonymen Verhältnissen als Folge der ihm innewohnenden Tendenz zu ständig sich vergrößernden Betriebseinheiten (Konzentration).

Diese Feststellung besteht nun zweifellos zu Recht, obgleich beide Erscheinungen in ihren reinen Ausprägungen historisch nicht ohne weiteres zusammenfallen. Die Zeiten des krassesten und ungehemmten Wirtschaftsindividualismus gehören der Vergangenheit, dem 19. Jahrhundert, an. Die Zeit der großen Betriebseinheiten hat demgegenüber heute wahrscheinlich noch nicht einmal den Höhepunkt erreicht. Trotz dieser zeitlichen Diskrepanzen stehen all diese Erscheinungen jedoch in einem inneren Zusammenhang. Für das soziale Verhalten gilt aber ähnlich wie für das Bildungsgut das soziologische Gesetz des Absinkens. Was bei den führenden Männern und Schichten im 19. Jahrhundert ein offenes Geheimnis war, ihr extrem chrematistischer Wirtschaftsindividualismus als zentrales Motiv ihres wirtschaftlichen Verhaltens, ist zwar inzwischen organisatorisch und institutionell eingedämmt worden. Gleichzeitig ist es aber nach dem Gesetz des Absinkens auch zu einer Haltung geworden, die die im 19. Jahrhundert in einer „established society" (Elton Mayo) noch weitgehend traditionell gebundenen breiten Massen inzwischen — gleichsam post festum — auch ergriffen hat.

Nur bringt jetzt die Masse der kleinen Leute diese von ihnen aufgefangene, extrem wirtschaftsindividualistische Haltung anders zur Geltung als einst jene Schichten, von denen sie diese Haltung auffing. Damit aber sind wir nach einem langen Umweg wieder bei unserem Thema im engeren Sinne, der sozialen Sicherheit.

Der extreme, sekundäre[26] Wirtschaftsindividualismus dieser Schichten richtet sich nun auf die ihnen nahestehenden und erreichbaren Objekte, u. a. den Staat und die Organe der sozialen Sicherheit. Der vielfach verantwortungslos anmutende Individualismus, mit dem weite Kreise die Maßnahmen und Organe der sozialen Sicherheit heute „auszubeuten" bereit sind, ohne an Gesamtbelange zu denken, soll hier keineswegs entschuldigt werden, aber er liegt soziologisch doch u. E. eindeutig in der Konsequenz des wirtschaftlichen Individualismus, wie er dem klassischen Kapitalismus des 19. Jahrhunderts als der Wirtschaftsordnung des werdenden Industrialismus als zentrales Motiv zugrunde lag und so auch von der klassischen Sozialtheorie behandelt wurde.

Dieser sekundäre ökonomische Individualismus kann sich nun in besonderem Maße in einer politischen Struktur betätigen, die dem Gruppenliberalismus (Gruppenmachiavellismus) der Interessentenorganisationen Tür und Tor öffnet, nachdem der extreme kapitalistische Wirtschaftsindividualismus des 19. Jahrhunderts von den einzelnen wirtschaftsaktiven Subjekten auf monopolistische Organisationen heute übergegangen ist, die die Interessen bestimmter Wirtschaftskontrahentengruppen vertreten.

Der unter dem Kapitalismus als der Wirtschaftsordnung des 19. Jahrhunderts sich ausbreitende Industrialismus war — wie wir sahen — von der politischen Botschaft des Liberalismus begleitet, der aus dem eigenartigen Gegensatz, in dem die aus der liberalen Wirtschaftsord-

---

[26] Sekundär deshalb, weil er von den wirtschaftlich führenden Schichten, den Wirtschaftssubjekten, durch die Wirtschaftsobjekte übernommen wurde.

§ 24 Die Krise der sozialen Sicherheit 113

nung sich ergebenden strukturellen Unterschiede zwischen den Marktkontrahenten zu ihm standen, auf lange Sicht in dieser Form sozial und politisch gar nicht funktionieren konnte. Denn als eine wichtige Voraussetzung des Industriekapitalismus hatte der politische Liberalismus die Ideen der modernen egalitären Demokratie aufgerufen, zu denen die Maßnahmen zur sozialen Sicherheit heute dazugehören, weil ohne sie eine Kompensation der tiefen strukturellen Unterschiede zwischen bestimmten Gruppen der Marktkontrahenten gar nicht möglich gewesen wäre. Aus dem Widerspruch zwischen der ideologischen Freiheits- und Gleichheitsbotschaft des politischen Liberalismus und den tatsächlichen Strukturunterschieden, die das Resultat des wirtschaftlichen Liberalismus waren, mußte sich auf lange Sicht eine tiefgehende Unzufriedenheit mit dem politischen System ergeben.

Gleichzeitig aber wurde auch in die kollektiven Systeme der sozialen Sicherheit das Individualprinzip übernommen, wie es die politische Philosophie insonderheit mit den politischen Systemen der Aufklärung philosophisch begründet hatte und das durch die französische und amerikanische Revolution politisch erstmalig verwirklicht worden war.

Es gibt bestimmte soziale und politische Entwicklungen, die nicht auf halbem Wege stehen bleiben bzw. abgebogen werden können, auch wenn dies noch so wünschenswert erscheinen mag. Der auch auf dem Gebiet der sozialen Sicherheitsmaßnahmen sich äußernde Individualisierungsprozeß liegt in der Konsequenz des ökonomischen Individualismus und der mit ihm verbundenen politischen Botschaft. Dieses Individualprinzip verträgt sich aber weder ohne weiteres mit dem Sozial- oder Kollektivprinzip, auf dem die Maßnahmen der sozialen Sicherheit basieren, indem hier als gesellschaftlich notwendig erachtete Ausgaben auf die Gesamtheit umgelegt werden, noch mit dem Subsidiaritätsprinzip, das für eine vernünftige Ordnung der Gesellschaft unerläßlich zu sein scheint.

Trotzdem wir erkannt haben, daß das Individualprinzip, auf dem die heutigen sozialen Sicherheitssysteme aufbauen, nicht infolge eines zufälligen organisatorischen Irrtums in diese Systeme hineingekommen ist, sondern in der historischen Konsequenz der politischen und sozialökonomischen Entwicklung seit dem Ausgang des Mittelalters liegt, müssen wir heute betonen, daß die sozialen Sicherheitssysteme im Laufe ihrer Entwicklung ihren Geltungsbereich auch über soziale Schichten ausdehnten, für die sie zunächst nicht geschaffen wurden, ohne jedoch dabei auf soziologische Besonderheiten dieser Schichten und Gruppen Rücksicht zu nehmen.

Der sozialgeschichtliche Ausgangspunkt der sozialen Sicherheitssysteme war die soziologische Tatsache bzw. die Einsicht in diese, daß die Familie in den Schichten der städtischen Industriearbeiterschaft nicht mehr in der Lage war, die ihr früher zugehörenden Aufgaben der sozialen Sicherung zu erfüllen. Dieser Ausgangspunkt wurde nun im Laufe der weiteren Entwicklung auch Schichten gegenüber beibehalten, auf die das System der sozialen Sicherheit zwar ausgedehnt wurde, bei denen jedoch die Familie (oder andere natürliche Verbandsformen) die Funktionen der sozialen Sicherung nicht bzw. noch nicht oder nicht im gleichen Umfange verloren hatten.

Ist — so muß an dieser Stelle einmal grundsätzlich gefragt werden — der so oft und zu Recht kritisierte Schematismus der Maßnahmen zur sozialen Sicherheit tatsächlich ganz vermeidbar? Wir glauben dies nicht ohne weiteres! Ein gewisser Schematismus liegt in der Natur der Sache, wenn Aufgaben, die einst durch die Selbststeuerung natürlicher Gemeinschaftsverbände ohne allgemeine gesetzliche Vorschriften gelöst werden konnten, an eine anonyme Allgemeinheit, hier den Staat, übergehen. Hier müssen dann Regelungen ganz allgemeiner Art getroffen werden, die von der inneren Lagerung einzelner sozialer Schichten absehen und nach allgemeinen und äußeren Kriterien verfahren. Vielleicht liegt aber auch hierin die Aufgabe, das System der heutigen organisierten sozialen Sicherheit grundsätzlich neu zu orientieren.

Der Grund, weshalb unter die gesetzlich vorgesehenen Fälle heute zu viele, auch unberechtigte fallen oder zu fallen scheinen, liegt u. E. vor allem an dem hier zusehends um sich greifenden Berechtigungsprinzip im Gegensatz zum Bedürftigkeitsprinzip. Ohne die moderne Sozialgesetzgebung war der Arme früherer Zeiten auf die private bzw. auf die organisierte Mildtätigkeit vor allem religiöser Einrichtungen angewiesen. „Recht auf den eigenen Lebensunterhalt" an Stelle der Mildtätigkeit ist nicht nur ein alter sozialistischer Schlachtruf. Nur auf die Mildtätigkeit anderer angewiesen zu sein, verträgt sich tatsächlich schlecht mit den modernen Idealen der Demokratie. Es scheint uns aber, daß heute das Berechtigungsprinzip vielfach zu weitgehend Anwendung gefunden hat. Es liegt grundsätzlich in der Konsequenz der politischen Entwicklung. Aber in Anbetracht der daraus für die Gesellschaft sich ergebenden Lasten und der davon ausgehenden ständigen Schwächung der Selbstverantwortung sollte das Berechtigungsprinzip in größerem Umfange, als dies bisher geschehen ist, mit dem Bedürftigkeitsprinzip, als der Voraussetzung für das Inkrafttreten der Berechtigung, gekoppelt werden. Das bedeutet nicht, daß es dadurch völlig ersetzt werden sollte bzw. könnte.

Ein zu weit gehender Abgang von dem Berechtigungsprinzip auf das Bedürftigkeitsprinzip einer mehr karitativ eingestellten öffentlichen Fürsorge würde die Handhabung der Rentenansuchen und -ansprüche weitgehend zu einer Ermessensfrage machen, u. U. sogar eine gewisse

Willkür oder doch eine uneinheitliche Handhabung des Systems der sozialen Sicherheit begünstigen. Die von der einstigen gemeinschaftlichen Selbststeuerung an Organe des Staates übergegangene soziale Sicherheit kann hier nicht mehr mit den gleichen Mitteln gelöst und geleistet werden wie dort. Gerade die individuelle Rentenentscheidung unter stärkerer Berücksichtigung von Gesichtspunkten der individuellen Bedürftigkeit bringt wiederum eine Abhängigkeit des einzelnen von der individuellen Entscheidung durch die Organe dieser Organisationen mit sich, die heute politisch kaum gewollt werden dürfte.

Die Problematik der sozialen Sicherheit ist grundsätzlich in allen modernen Wirtschaftsgesellschaften, in denen sie Eingang gefunden hat, ungefähr die gleiche und wird im Augenblick noch besonders verstärkt durch die offensichtliche allgemeine Zunahme der durchschnittlichen Lebenserwartung. In Deutschland ist diese Problematik nun noch besonders aktuell aus einer Reihe von Gründen: zwei Inflationen, die Folgen zweier verlorener Weltkriege und die damit zusammenhängenden Flucht-, Vertreibungs-, Kriegs- und Besatzungsschäden, die tiefgehende soziale Umschichtungen mit sich brachten. Diese können nun zwar nicht mit Renten beseitigt werden, doch haben sie gerade zur massenhaften Entstehung und Schaffung von Rentenansprüchen Anlaß gegeben.

Angesichts der Schwierigkeiten, in die zweifellos das System einer weit gespannten sozialen Sicherheit hineingeraten ist, liegt aber auch die Versuchung nahe, die traditionellen Arten der durch die Familien gewährten Sicherheiten (z. B. das Altenteil) zu idealisieren. Daß es sehr zu bedauern ist, wenn bei dem Konflikt zwischen Familienprinzip und dem individualistischen Rentenprinzip der sozialen Sicherheit, das letztgenannte an Zerstörungen mitteilnimmt, denen die Familien zusammen mit anderen natürlichen Gemeinschaftsverbänden in heutiger Zeit sowieso ausgesetzt sind, versteht sich von selbst.

Anderseits sind aber häufig gerade die Verhältnisse bei den traditionellen, patriarchalischen Einrichtungen der sozialen Sicherheit (z. B. bei den Altsitzern) keineswegs erfreulich. Und dies ist nicht nur der Fall infolge der bestehenden Konkurrenz des individualistischen (geldwirtschaftlichen Systems der organisierten, staatlichen sozialen Sicherheit und den sich hier ergebenden Unzufriedenheiten. Auch in die natürlichen Gemeinschaftsverbände, in manche Familien, ist ein extrem individualistisches Denken weitgehend eingebrochen, so daß die hier notwendigen natürlichen Leistungen der wirtschaftlichen Sicherung in übertriebener Weise plötzlich als Last empfunden werden. Ebenso ist individualistisches Denken bei den zu diesen Leistungen Berechtigten heute schon so verbreitet, daß die soziale Sicherung über den Familienverband vielfach über Gebühr als bedrückende Einengung der persönlichen Freiheit und Unabhängigkeit empfunden wird.

Bestimmte kulturelle und sozialgeschichtliche Entwicklungsprozesse können nicht nur nicht wieder zurückgeschraubt werden, sondern drängen, selbst wenn deren Schattenseiten erkannt worden sind, mit einer großen inneren Konsequenz auf ihre weitere Verwirklichung hin. Das bedeutet keinen sozialgeschichtlichen Determinismus, wohl aber eine Absage an jede Form eines unhistorischen Voluntarismus. Zu diesen mit starker innerer Konsequenz auf letzte Verwirklichung drängenden sozial- und kulturgeschichtlichen Tatbeständen bzw. Ideen scheint u. E. auch und vor allem der neuzeitliche Individualismus zu gehören, der zwar auf dem Gebiet der Wirtschaft durch die Bändigung des Industriekapitalismus zum Teil überwunden bzw. eingedämmt worden ist, jedoch — mit der Renaissance als Selbstbewußtwerdung des einzelnen grundsätzlich beginnend — als der moderne demokratische Egalitarismus erst dann an politischer Dynamik einbüßen dürfte, wenn er seine eigene Grenze erreicht hat.

Daß dies als Ziel durchaus nicht in jeder Hinsicht und im vollen Umfange erstrebenswert ist, darüber sind sich alle im klaren. Und daß neben die alten und zumeist unterliegenden Gegenkräfte gegen einen übertriebenen Individualismus neue z. T. jedoch ungenügend bzw. übermäßig integrierend wirkende Gegenkräfte getreten sind, ist ebenfalls eine Tatsache. Sich hier in naiv optimistischer Weise nur auf die Kräfte einer gesunden sozialen Selbstkorrektur verlassen zu wollen, scheint uns tatsächlich nicht ganz unbedenklich zu sein. Diesen aber wiederum nur zu mißtrauen, erscheint uns ebenso fragwürdig.

Das, was wir heute an den modernen freiheitlichen Systemen der wirtschaftlichen Sicherheit als verbesserungsbedürftig bzw. als krisenhaft empfinden, kann tatsächlich nur zum Teil organisatorisch, d. h. durch eine Reorganisation der Maßnahmen und Institutionen der sozialen Sicherheit erreicht werden. Diese Fehlentwicklungen sind im wesentlichen aus den sekundären Folgen jener sozialökonomischen Entwicklungen zu erklären, die im 19. Jahrhundert erstmalig als „soziale Frage" problematisch geworden waren. Diese hier ursprünglich gegebenen Probleme haben die Systeme der sozialen Sicherung unter der Perspektive der sie damals veranlassenden Momente bis heute auch einigermaßen befriedigend gelöst, wenn wir für die Unvollkommenheit menschlicher Maßnahmen genügend Spielraum überhaupt einzuräumen gewillt sind. Sie haben unter diesem Gesichtspunkt, und unter Berücksichtigung der das 19. Jahrhundert wie ein Schatten begleitenden sozialen Dekomposition als Folge des extremen, damals herrschenden sozialökonomischen Individualismus auch eine bisher durchaus positiv zu bewertende Gesamtleistung vollbracht. Im Zuge der Erfüllung dieser ihnen ursprünglich gestellten, verhältnismäßig begrenzten Aufgaben haben sie jedoch infolge der unterschiedslosen Einbeziehung der gesamten Gesellschaft die ihnen heute eigene soziale Problematik in vollem Umfange entwickelt.

Der extreme ökonomische Individualismus, unter dessen Führung der Industriekapitalismus im 19. Jahrhundert groß wurde, hat neben einer gewaltigen, langfristigen und positiven Leistung auch soziale und wirtschaftliche Schattenseiten entwickelt, deren gesellschaftsgefährdende Potenzen durch den Prozeß der wirtschaftlichen und sozialen Bändigung zunächst auch erfolgreich gebannt worden sind. Nachdem nun diese von einer bestimmten Wirtschaftsordnung und -gesinnung ausgehenden sozial dekomponierenden Tendenzen gebannt sind, sind jedoch die viel tiefer gehenden sozialen und politischen Wirkungen bestehen geblieben, die von dem Industrialismus als Produktionsweise ausgehen, der mit seiner ungeheuren Dynamik das Schicksal der gesamten Erdbevölkerung zu werden sich anschickt. Sie vereinigen sich mit den Folgen der liberalen Botschaft, d. h. der egalisierenden Demokratisierung, die den Industriekapitalismus nicht nur begleitete, sondern auch älter als er selbst ist. Von diesen beiden Daten her aber nehmen sozialpsychologische und soziologische Folgen ihren Ursprung, die viel tiefer als die Folgen des Kapitalismus als einer Wirtschaftsordnung gehen und nicht nur die Produktionsweisen und mit ihnen die soziale Umwelt, sondern das Denken und Fühlen der Menschen tiefgehend umgestalteten, noch umstalten und zunächst auch weiterhin umgestalten werden.

Man verstehe uns nicht falsch! Wir rühren damit nicht an das alte Ideologieproblem, ob und wie „das Denken der Menschen" denn nun wirklich von außen her bestimmt sei. Wir möchten jedoch diese Probleme als Teilkomponenten eines großen kulturellen und sozialen Umgestaltungsprozesses verstanden wissen, dem die Menschheit als Folge der Industrialisierung heute offensichtlich unterworfen ist.

Wohl kann und soll das Fühlen und Denken der Menschen in einem gewissen Umfange gelenkt bzw. geführt werden, u. E. jedoch kaum auf lange Sicht gegen jene großen säkularen Trends, in deren Gefolge auch der Gedanke der sozialen Sicherheit mit innerer Notwendigkeit entstand und sich ausbreitete.

§ 25 Zusammenfassung

Die wesentlichen Resultate unserer Betrachtung wollen wir in einer Reihe von Hauptpunkten in folgende Thesen zusammenfassen:

1. Die politisch formale Demokratie läßt sich von den egalitären Idealen des Demokratismus auch historisch nicht trennen. Aus beiden

ergibt sich, unterstützt vom Industrialismus und der von ihm gewährten wachsenden Wohlstandsrate, ein allgemeiner Demokratisierungsprozeß, der nicht mehr zurückgebildet werden kann.

2. Der politische und ökonomische Liberalismus sind nicht identisch, jedoch miteinander verwandt. Der ökonomische Liberalismus trat gemeinsam mit dem politischen Liberalismus bzw. unter der politischliberalen Botschaft auf, ohne jedoch dessen Ideale in der materiellen Sphäre von sich aus verwirklichen zu können.

3. Unter dieser politischen Idealstellung konnte das politisch-ökonomische System des Liberalismus als individualistische Konkurrenzwirtschaft nicht befriedigend wirken. Strukturelle Benachteiligungen und Bevorteiligungen als Folge der Konkurrenzwirtschaft haben die Diskrepanz zwischen politischer Idealstellung und sozialer Wirklichkeit deutlich werden lassen. Dadurch wurde die demokratische Idealstellung vielfach in die Rolle einer verhüllenden Ideologie gedrängt.

4. Die scheinbare Identität zwischen politischem und ökonomischem Liberalismus ließ den politischen Liberalismus und die mit ihm verbundenen Ideale der politischen Demokratie an der aus verschiedenen Gründen sich ergebenden zunehmenden Kapitalismusfeindschaft in vollem Umfange teilnehmen.

5. Freiwillige oder erzwungene politische Absonderung ganzer sozialer Schichten vertragen sich auf die Dauer nicht mit der Demokratie und ihren Idealen.

6. Die strukturellen Handicaps ganzer sozialer Schichten sind, soweit sie sich aus der verkehrswirtschaftlichen Ordnung des 19. Jahrhunderts ergaben, durch den Prozeß der Bändigung des Industriekapitalismus institutionell und organisatorisch kompensiert und korrigiert worden. In diesem Sinne hatte die Bändigung politisch eine integrierende Wirkung. Die strukturellen Unterlegenheiten mußten auf diese Weise kompensiert werden, da strukturelle Unterschiede im allgemeinen nicht mit marktkonformen Mitteln behoben werden können.

7. Die Bändigung hat jedoch Erscheinungen groß werden lassen, die der politischen Demokratie vielfach entgegenstehen. In ihrer gruppenanarchischen Wirkung gefährden sie die Einheitlichkeit der Willensbildung und durch ihre Systemlosigkeit das in der Industriewirtschaft notwendige hohe Maß an sozialer Disziplin. Verabsolutierte Gruppeninteressen und Gruppenmachiavellismus vertragen sich auf die Dauer nicht mit dem System der politischen Demokratie.

8. Unabhängig von der Wirtschaftsordnung wohnen dem Industrialismus gewisse Eigentendenzen inne, die ihrerseits wenig günstige soziologische, sozialpsychologische und räumliche Voraussetzungen für die politische Demokratie schaffen. Ihre notwendige politische Korrektur ist heute noch nicht allgemein anerkannt, jedoch nichtsdestoweniger dringlich.

Printed by Libri Plureos GmbH
in Hamburg, Germany